10분 투자로 메일의 달인이 되는

비즈니스
일본어 이메일

예스북

10분 투자로 메일의 달인이 되는

비즈니스 일본어 이메일

10분 투자로 메일의 달인이 되는
비즈니스 일본어 이메일

1쇄 인쇄 2014년 01월 07일
2쇄 발행 2015년 08월 18일

지은이 | 정문주
펴낸이 | 양봉숙
디자인 | 김선희
편 집 | 임형경
마케팅 | 이주철

펴 낸 곳 | 예스북
출판등록 | 제320-2005-25호 2005년 3월 21일
주   소 | 서울시 마포구 노고산동 57-46 아이스페이스 1107호
전   화 | (02)337-3053
팩   스 | (02)337-3054
E-mail | yesbooks@naver.com
홈페이지 | www.e-yesbook.co.kr

ISBN 978-89-92197-63-2 13730

값 13,000

머리말

1日10分でメールの達人になれる日本語ビジネスeメール

여러분은 일본어로 업무용 메일을 작성하면서 과도한 시간을 낭비한 적이 없습니까? 주요한 의사표현은 해서 보냈지만 경어 사용에 자신이 없어 실례 또는 어처구니없는 실수를 범하지는 않았는지 불안에 떤 적은 없나요? 그것도 아니면 용건은 전달할 수 있으나 마음과 마음, 관계와 관계를 부드럽게 이어줄 표현을 몰라 2% 부족한 상태로 만족할 수밖에 없었던 적은요?

아마 그런 고민은 일본어의 특징 때문이라고 얘기해도 과언이 아닐 것입니다. 평소 사용하는 말과 비즈니스 메일에 어울리는 표현이 다르고, 직접적으로 감정을 드러내지 않고, 다양한 단계의 경어가 존재하는 점 말입니다.

이 책은 바로 그런 고민을 안고 계신 분들을 위해 만들어졌습니다. 정확한 경어, 기존에 소개되지 않았던 세밀한 상황 분류 및 그 상황에 맞는 기본 표현과 응용 표현들을 통해 여러분의 업무 능력을 한층 끌어올리고, 나아가 보다 성공적인 비즈니스 결과를 이끌어내는 데 도움을 주고자 애썼습니다.

구성을 소개하면 이렇습니다. 기본적으로 일본어 비즈니스 메일에서 빈번하게 사용되는 기본 패턴을 상황별로 모았습니다. 처음 메일을 보낼 때 길잡이가 되어 줄 '메일서두편', 급할 때 바로 보고 처리할 수 있는 '초간단 메일편', 자료를 첨부하고 전송 직전에 확인하면 도움이 될 '자료첨부 및 맺음말편', 각종 안내문을 발송할 때 유용한 '안내문편', 프로젝트의 진행과 처리, 결과 등 성공 프로젝트를 위한 '프로젝트편', 정중한 의뢰를 위한 센스 있는 한마디를 모은 '의뢰편', 적확한 의사를 오해 없이 전달할 때 도움이 될 '의사전달편', 문제 상황에 직면했을 때 해결의 힌트를 쥐어줄 '문제해결편' 등 총 8편, 34과의 구성입니다.

언어는 그 언어를 사용하는 사람들의 문화이자 어찌 보면 전부입니다. 상대방의 문화와 언어를 알고 능숙하게 진심을 전달할 수 있는 메일 작성법을 익힌다면 여러분은 이미 강력한 무기를 지닌 것이나 다름없습니다. 치열하고 냉정한 비즈니스의 세계. 여러분의 경쟁력을 한 단계 단단하게 다져줄 길잡이로써 가까이에 두고 자주 꺼내보시기 바랍니다. 어느새 능력 있는 비즈니스맨으로 변신해 있을 지도 모를 일입니다.

아무쪼록 이 작은 책이 여러분의 비즈니스 현장에 적지 않은 도움을 줄 수 있기를 바라마지 않습니다.

정 문 주

읽는 방법과 사용 방법

이 책은 비즈니스 현장에서 도움이 되는 중요한 표현을 어떻게 하면 쉽게 습득할 수 있는지에 중점을 두고 해설했다. 하나의 과는 모두 6페이지 분량으로 10분 정도의 짧은 시간만 있으면 읽을 수 있을 것이다. 업무 중 틈새 시간이나 이동 시간 등 자투리 시간을 활용해서 배울 수 있게 되어 있다.

상황별로 크게 34가지로 분류해 레슨을 구성했다. 참조할 상황을 찾는 데 유용하다.

각 상황에서 사용할 수 있는 구체적인 표현을 일목요연하게 정리했다. 표현법을 배우거나 참조하여 메일을 쓸 때 유용하다.

핵심적인 일본어 문구를 바로 확인할 수 있다.

메일의 본문에 활용할 수 있는 문장의 예를 보여준다.

실제 예문을 통해 구체적인 표현 방법을 익히거나 업무에 참고해 바로 사용할 수 있다.

단어 리스트를 간단히 정리했다. 긴급한 상황에서 참조하면 유용하다.

1日10分でメールの達人になれる日本語ビジネスeメール

메일을 효과적으로 이용할 수 있도록
여러 가지 팁을 제공한다.

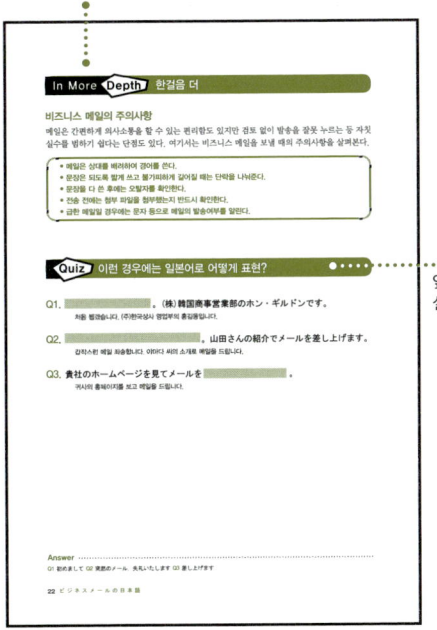

앞서 익힌 내용을 다시 한 번 확인하여
실무에서 사용하는 데 도움을 준다.

한일번역에 도전해봄으로써 표현방법을
완전히 내 것으로 만든다.

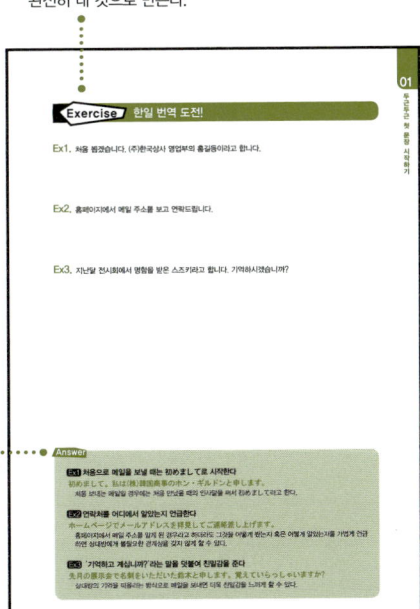

자신이 번역한 것을 정답과
비교해 보고 해설을 통해
실력을 다진다.

메일의 형식

대개 메일 쓰기를 클릭하면 다음과 같은 모습을 볼 수 있다.

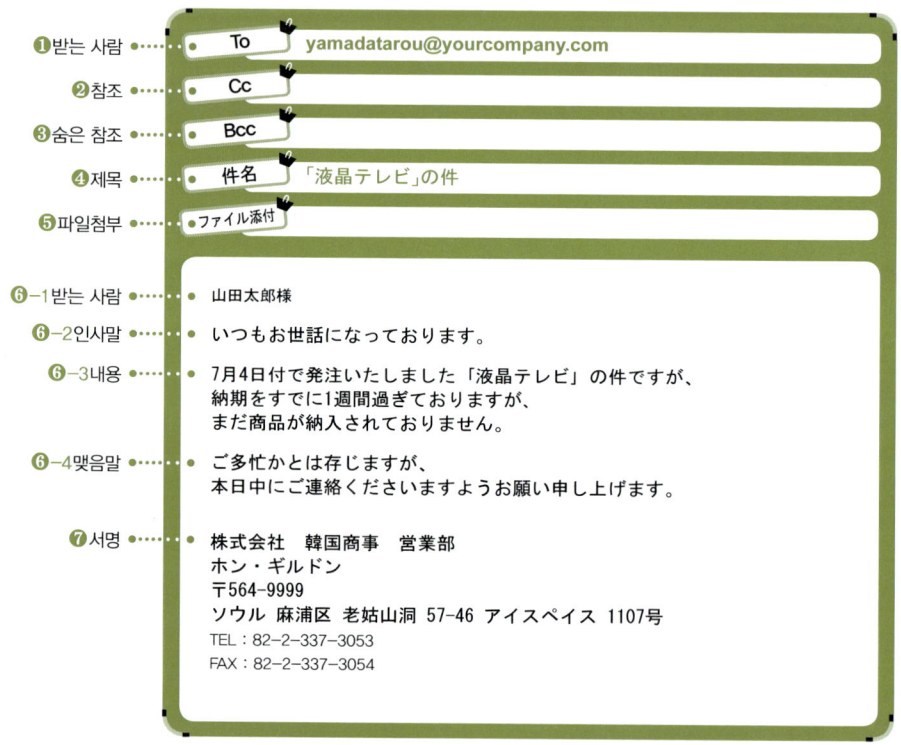

1. To 받는 사람

宛先에는 받는 사람의 메일주소를 입력한다.

2. Cc 참조

Carbon Copy의 약자인 Cc에는 이 메일을 받아 볼 다른 사람의 이메일 주소를 입력할 수 있다. 세미콜론(;)이나 쉼표(,)를 사용하여 필요한 사람들의 이메일 주소를 입력한다. 여기에 표시되는 수신자들은 서로 누가 이 메일을 받아보았는지 알 수 있다.

3. Bcc 숨은 참조

Bcc는 Blind Carbon Copy의 약자이다. Bcc로 메일을 수신하는 사람은 이 메일을 자기 말고 또 누가 받아보았는지 알 수가 없다. 때문에 비밀스럽게 보낼 때 사용하거나, 수신자들이 서로의 이메일 주소를 모르게 하고 싶을 때 사용한다.

4. 件名 제목

요즘 같이 메일 광고가 넘쳐나는 시기에는 특히나 이 제목이 중요하다. 스팸메일로 착각하기 쉬운 제목은 피하고 메일의 내용을 간단하면서도 정확하게 전달할 수 있는 제목을 선택하는 것이 필요하다.

5. ファイルの添付 파일첨부

요즘은 네트워크 환경이 좋아져서 대용량 첨부도 큰 문제가 되지는 않는다. 하지만 수신환경은 나라와 수신지역마다 차이가 있을 수 있으므로 용량이 크다면 되도록 나누거나 압축해서 보내는 것이 좋다.

6. 본문

6-1. 받는 사람
소속이 없는 사람이라면 이름을, 소속이 있는 사람이라면 회사명, 부서명, 이름을 쓴다.

6-2. 인사말
평소의 감사의 마음을 전하는 말부터 신변의 일을 건드리는 식의 인사말이 많다. 하지만 자주 메일을 주고받는 사이라면 인사말을 생략하고 시작할 수도 있다.

6-3. 내용
신속하고 간결하게 메시지를 전달할 수 있는 것이 메일의 장점이다. 따라서 본문의 내용을 간결하고 명확하게 표현하는 것이야말로 메일의 생명이라고 할 수 있다.

6-4. 맺음말
잘 부탁한다는 말, 답장이 급할 경우 재촉하는 말 등을 쓴다.

메일의 형식

7. 서명

보내는 사람의 이름, 회사, 소속 부서, 지위, 전화번호, 홈페이지 주소 등이 들어간 서명파일을 만들어 사용한다. 해외로 보내는 경우에는 전화번호나 팩스번호에 국가번호를 넣는 것이 좋다.

예 1.
株式会社　韓国商事　営業部
ホン・ギルドン
〒564-9999
ソウル 麻浦区 老姑山洞 57-46 アイスペイス 1107号
TEL：82-2-337-3053
FAX：82-2-337-3054
http://www.mycompany.com

예 2.
株式会社　韓国商事　営業部
ホン・ギルドン
TEL：82-2-337-3053
FAX：82-2-337-3054

CONTENTS

1日10分でメールの達人になれる日本語ビジネスeメール

Part 1 메일서두편

Lesson 01 두근두근 첫 문장 시작하기 · 18
  Point ① 첫 메일의 정석 · 19
  Point ② 누군가에게 소개받아 메일 쓰는 경우 · 20
  Point ③ 연락처를 손에 넣게 된 경위를 알릴 경우 · 21

Lesson 02 평소 거래처에 보내는 메일의 첫 문장 시작하기 · 24
  Point ① 자신을 소개해야 하는 경우 · 25
  Point ② 평소에 보내는 메일은 요렇게! · 26
  Point ③ 오랜만이라면 이런 메일 패턴 어때? · 27

Lesson 03 답 메일 표현 따라하기 · 30
  Point ① '잘 받았습니다' 답장 쓰기 패턴 · 31
  Point ② '받은 날짜'를 언급하고 싶다면? · 32
  Point ③ 답장이 늦었을 땐 어떡하지? · 33

Lesson 04 자사 광고를 위한 메일 쓰기 · 36
  Point ① 회사를 어필하기 위한 표현 · 37
  Point ② 상품이나 서비스의 장점을 어필하기 위한 표현 · 38

Part 2 초간단 메일편

Lesson 05 촌각을 다투는 비즈니스, 간단한 수신 메일 쓰기 · 42
  Point ① 상대방의 메일에 동의한다는 표현 · 43
  Point ② '확인했다'는 메시지 어떻게 전할까? · 44
  Point ③ 제3자에게 쉽게 전달하는 표현법 · 45

Lesson 06 부재중 메일 쓰기 · 48
  Point ① "출장 중입니다" 패턴 · 49
  Point ② "휴가 중입니다" 패턴 · 50
  Point ③ "휴업합입니다" 패턴 · 51

Lesson 07 색깔 있는 감사의 마음 전하기 · 54
  Point ① 감사의 표현으로 첫 문장 시작하기 · 55
  Point ② 마무리에 감사를 전하고 싶다면? · 56
  Point ③ 감사 인사 후 여운으로 기대감을 남기는 패턴 · 57

CONTENTS

Lesson 08 미안한 마음 전하기 · 60
    Point ① 재치 있게 사과하고 싶다면? · 61
    Point ② 마지막에 다시 사과해야 한다면? · 62
    Point ③ 한참 만에 연락할 때 쓰는 테크닉 · 63

Part 3 자료첨부 및 맺음말편

Lesson 09 메일에 파일 첨부하기 · 68
    Point ① 첨부 파일에 대한 표현 덧붙이기 · 69
    Point ② 메일을 잘못 보냈다면 어떻게 해야 돼? · 70
    Point ③ 압축 파일에 대한 표현 패턴 · 71

Lesson 10 정보나 자료에 관한 메일 쓰기 · 74
    Point ① 정보나 자료를 보낼 때 패턴 · 75
    Point ② 부드럽게 거절하고 싶을 때 패턴 · 76
    Point ③ 추후에 따로 다시 보낼 때 패턴 · 77

Lesson 11 물품 등을 보내고 받을 때 메일 쓰기 · 80
    Point ① 보내는 곳을 확인할 때 패턴 · 81
    Point ② 수신을 확인할 때 패턴 · 82
    Point ③ 보내는 목적을 확인할 때 패턴 · 83

Lesson 12 깔끔하게 마무리하기 · 86
    Point ① LTE급 빠른 답장 받는 법 · 87
    Point ② 내용을 에둘러 재확인하는 법 · 88
    Point ③ 협조를 부탁하는 표현의 한 수 · 89

Part 4 안내문편

Lesson 13 메시지 전달하기 · 94
    Point ① 소식이나 정보를 알리는 메일 · 95
    Point ② 타인에게 메시지를 전달하려면? · 96
    Point ③ 메시지의 다양한 표현법 · 97

Lesson 14 회의에 필요한 메일 표현 익히기 · 100
    Point ① "회의를 개최합니다" 통지 메일 · 101
    Point ② 참석 여부를 알리는 확인 메일 · 102
    Point ③ 회의의 목적을 알리는 메일 · 103

Lesson 15 이벤트 초대 메일 쓰기 · 106
    Point ① "모임에 초대합니다" 패턴 · 107
    Point ② 승낙 또는 거절의 패턴 · 108
    Point ③ 고위 인사의 방문을 알리는 패턴 · 109

Lesson 16 방문을 요청하는 메일 쓰기 · 112
    Point ① 만남을 요청하는 표현 테크닉 · 113
    Point ② 승낙·사양의 표현 테크닉 · 114
    Point ③ 회사 방문을 요청하는 표현 테크닉 · 115

Lesson 17 만날 약속을 조정하는 메일 쓰기 · 118
    Point ① 장소를 바꾸고 싶다면? · 119
    Point ② 날짜와 시간을 바꾸고 싶다면? · 120
    Point ③ 약속을 변경하거나 취소하고 싶다면? · 121

Part 5 프로젝트편

Lesson 18 프로젝트 일정 관리 메일 쓰기 · 126
    Point ① 프로젝트의 일정을 체크하고 싶다면? · 127
    Point ② 프로젝트의 진행 상황을 체크하고 싶다면? · 128
    Point ③ 프로젝트의 목표를 환기시키고 싶다면? · 129

Lesson 19 프로젝트 진행 과정 속의 문의 메일 쓰기 · 132
    Point ① "질문 들어갑니다" 패턴 · 133
    Point ② "답변 여기 있습니다" 패턴 · 134
    Point ③ "여기도 질문 있습니다" 패턴 · 135

Lesson 20 프로젝트 진행 과정 속의 확인 메일 쓰기 · 138
    Point ① 혹시나 하는 표현 · 139
    Point ② "이것만은 기억해 줘요" 표현 · 140
    Point ③ "돌다리도 두드리고 건너라" 표현 · 141

Lesson 21 프로젝트 진행 과정 속의 문제 메일 쓰기 · 144
    Point ① 문제점을 콕 찍어 알리는 효과적 패턴 · 145
    Point ② 마감기간 연장을 요청하는 효과적 패턴 · 146
    Point ③ 일의 중지를 알리는 효과적 패턴 · 147

CONTENTS

Part 6 의뢰편

Lesson 22 호의적인 마음을 전하는 메일 쓰기 · 152
  Point ① 호의에 감사하는 마음을 전하는 표현 · 153
  Point ② 일의 결과에 만족함을 나타내는 표현 · 154
  Point ③ 축하 메시지를 전달하는 표현 · 155

Lesson 23 어떠한 일을 요구할 때 메일 쓰기 · 158
  Point ① 소망이나 협조를 부탁하는 패턴 · 159
  Point ② "～해 주세요" 패턴 · 160
  Point ③ "즉시 ～해 주세요" 패턴 · 161

Lesson 24 정보를 요청할 때 메일 쓰기 · 164
  Point ① 상대방의 자료를 공유하자고 말하는 패턴 · 165
  Point ② 넌지시 정보에 흥미를 보이는 패턴 · 166
  Point ③ "정보를 가진 자를 찾아라" 패턴 · 167

Lesson 25 조언을 요청할 때 메일 쓰기 · 170
  Point ① 지푸라기라도 잡는 심정으로 간절하게～ · 171
  Point ② 간접적으로 조언하는 표현 · 172
  Point ③ 직접적으로 조언하는 표현 · 173

Part 7 의사전달편

Lesson 26 상대방의 제의에 대한 답 메일 쓰기 · 178
  Point ① "YES"의 다양한 표현 · 179
  Point ② "NO"의 다양한 표현 · 180
  Point ③ 승인과 허가에 관한 입체적 표현 · 181

Lesson 27 의견을 교환하기 위한 메일 쓰기 · 184
  Point ① 상대의 의견을 듣고 싶다면? · 185
  Point ② 자신의 의견을 전하고 싶다면? · 186
  Point ③ 의견을 강조하고 싶다면? · 187

Lesson 28 찬성하기 위한 메일 쓰기 · 190
  Point ① 의견에 동의한다면 이렇게 쓰라 · 191
  Point ② 부분적인 합의만 원한다면 이렇게 쓰라 · 192
  Point ③ 전적으로 지지한다면 이렇게 쓰라 · 193

Lesson 29 의견에 반대하는 메일 쓰기 · 196
    Point ① 의견에 재고를 요청하는 패턴 · 197
    Point ② 의견에 완곡하게 반대하는 패턴 · 198
    Point ③ 의견에 전적으로 반대하는 패턴 · 199

Lesson 30 기대·불안·확신의 메일 쓰기 · 202
    Point ① 기대를 표현하려면? · 203
    Point ② 불안을 표현하려면? · 204
    Point ③ 확신을 표현하려면? · 205

Part 8 문제해결편

Lesson 31 문제 상황에 대응하는 메일 쓰기 · 210
    Point ① 컴플레인 대응을 위한 속전속결 패턴 · 211
    Point ② "나의 고충을 상대가 알게 하라" 패턴 · 212
    Point ③ 경고성 메시지의 다양한 패턴 · 213

Lesson 32 완곡하게 표현하는 메일 쓰기 · 216
    Point ① 완곡하게 허가를 구하고 싶다면? · 217
    Point ② 완곡하게 요구사항을 전하고 싶다면? · 218
    Point ③ 완곡하게 질문하려면? · 219

Lesson 33 안건의 중요성을 어필하는 메일 쓰기 · 222
    Point ① 중요성을 호소하는 패턴 · 223
    Point ② 결의와 확신의 패턴 · 224

Lesson 34 타협을 이끌어내는 메일 쓰기 · 227
    Point ① 타협안을 수용하는 표현 패턴 · 228
    Point ② 타협안에 거부권을 행사하는 표현 패턴 · 229
    Point ③ 타협안을 조건부 수용하는 표현 패턴 · 230

日本語
ビジネスeメール
10분 투자로 메일의 달인 되는법

아무리 일본어 실력이 뛰어난 사람이라도 처음 일본어로 메일을 쓸 때는 어떤 식으로 풀어나가야 할지 망설이게 될 것이다. Part1에서는 메일을 상대에게 처음 보낼 때, 평소 거래처에 보낼 때, 답장을 보낼 때, 회사 소개를 할 때 등 메일 서두에 쓰는 기본 표현을 알아보자.

메일서두편 Part 1

- **Lesson 01** 두근두근 첫 문장 시작하기
- **Lesson 02** 평소 거래처에 보내는 메일의 첫 문장 시작하기
- **Lesson 03** 답 메일 표현 따라하기
- **Lesson 04** 자사 광고를 위한 메일 쓰기

Lesson 01 두근두근 첫 문장 시작하기

Point 1 첫 메일의 정석
Point 2 누군가에게 소개받아 메일을 쓰는 경우
Point 3 연락처를 손에 넣게 된 경위를 알릴 경우

전혀 모르는 사람에게서 메일이 도착하면 누구나 당황할 수 있다. 메일을 처음 보낼 때는 초메마시테로 인사를 한 후 간단한 자기소개를 한다. 누군가에게서 소개를 받은 경우나 홈페이지 등에서 메일 주소를 알게 된 경우라면 메일 주소를 알게 된 경위를 밝히면서 첫 문장을 시작할 수도 있다. 이 과에는 첫 메일을 쓸 때 유용한 표현을 알아보자.

送信者　gdhong@mycompany.com

宛先　yamadatarou@yourcompany.com

件名　初めまして

山田株式会社　営業部
山田太郎様

初めまして。(株)韓国商事のホン・ギルドンと申します。
以前ソウルでお会いし、名刺をいただきました。
覚えていらっしゃいますか。

(株)韓国商事　営業部　ホン・ギルドン
TEL：82-2-337-3053
FAX：82-2-337-3054

●●● 처음 뵙겠습니다

(주)한국상사의 홍길동이라고 합니다. 전에 서울에서 만나 뵙고 명함을 받았습니다.
기억하고 계십니까?

Point 1 첫 메일의 정석

처음으로 메일을 보낼 때는 初めまして로 시작한다

ビジネスメールシチュエーション ❶

初めまして。(株)韓国商事営業部のホン・ギルドンです。
　　　처음 뵙겠습니다. (주)한국상사 영업부의 홍길동입니다.

 우리는 처음 메일을 보낼 때 '안녕하세요~'로 시작하지만 일본에서는 첫 대면할 때의 일반적인 인사말인 初めまして를 써서 初めまして、○○会社○○部の○○です。(처음 뵙겠습니다. ○○회사 ○○부의 ○○입니다.)라고 말한다. です를 と申します로 바꾸면 더욱 정중한 표현이 된다.

ビジネスメールシチュエーション ❷

初めてご連絡いたします。(株)韓国商事で営業を担当しておりますホン・ギルドンと申します。
　　　처음으로 연락드립니다. (주)한국상사에서 영업을 담당하고 있는 홍길동이라고 합니다.

 いたす는 する의 겸양어로 자신을 낮춰서 상대를 높이는 말에 속한다. 마찬가지로 보통은 担当しています라고 하지만 겸양어를 쓰면 居る의 겸양어인 おる를 써서 担当しております라고 써야 존경의 의미가 전달된다.

ビジネスメールシチュエーション ❸

突然のメールで失礼いたします。ホームページを拝見してご連絡させていただきました。
　　　갑작스러운 메일로 실례가 많습니다. 홈페이지를 보고 연락드립니다.

 잘 알지 못하는 사람에게 처음으로 메일을 보낼 때는 먼저 양해를 구하는 말인 突然のメールで失礼いたします를 써서 시작하는 것이 좋다. 拝見する는 見る의 겸양어, ~させていただく는 '~하겠습니다'라는 표현으로 동작의 주체가 자신이다.

 Words
- 商事(しょうじ) 상사 ● 連絡(れんらく)する 연락하다 ● 営業(えいぎょう) 영업 ● 担当(たんとう)する 담당하다
- ~と申(もう)します ~라고 합니다 ● 居(い)る 있다 ● 突然(とつぜん) 돌연, 갑자기 ● 失礼(しつれい)する 실례하다
- 拝見(はいけん)する 보다(見る)의 겸양어

Point 2   누군가에게 소개받아 메일을 쓰는 경우

📧 소개를 받아서 메일을 보낼 때는 양해를 먼저 구한다

突然のメール、失礼いたします。山田さんの紹介でメールを差し上げます。
갑작스럽게 메일을 보내 죄송합니다. 야마다 씨의 소개로 메일을 드립니다.

> 처음 보낼 때 쓰는 표현이다. 메일을 처음 보낼 때는 **突然のメール、失礼いたします**라고 먼저 사과의 인사말로 시작한다. 그 후 메일을 보내게 된 경위를 밝힌다.

日本貿易会社の山田さんに紹介されたホン・ギルドンです。
일본무역회사의 야마다 씨에게서 소개받은 홍길동입니다.

> 소개해 준 사람이 누구인지 말할 때 쓰는 가장 간단한 표현이다. 소개해 준 사람의 이름뿐만이 아니라 회사명도 같이 밝히면 상대방이 소개한 사람이 누구인지 바로 알고 당황하지 않을 것이다. **紹介された**를 정중하게 쓸 때는 **ご紹介いただいた**라고 한다.

弊社の専務の山田の紹介でこのメールを書いております。
저희 회사 야마다 전무의 소개로 이 메일을 쓰고 있습니다.

> '누구누구에게 소개받고 이 메일을 쓰고 있다'라는 뉘앙스로 말할 때 쓰는 표현이다. **弊社**는 **当社(とうしゃ)**라고 해도 되고, 자신의 회사가 아닌 다른 회사 사람의 소개인 경우에는 **○○会社の○○さんの紹介で~**(00회사의 00씨의 소개로~)라고 말하면 된다.

Words
- 差(さ)し上(あ)げる 드리다
- 弊社(へいしゃ) 자기 회사를 낮춘 말

Point 3 연락처를 손에 넣게 된 경위를 알릴 경우

 낯선 사람에게 메일을 보낼 때는 그 경위를 밝힌다

ビジネスメールシチュエーション ①

貴社のホームページを見てメールを差し上げます。
　　귀사의 홈페이지를 보고 메일을 드립니다.

 메일 주소를 어디서 알았는지 알리는 일반적인 표현이다. 안면이 없는 사람에게 처음 메일을 보낼 때는 연락처를 어디서 알게 되었는지를 메일의 첫 부분에 간단하게 밝히도록 하자. メールを差し上げます。는 ご連絡させていただきます。(연락드립니다.)로 바꿔 말할 수 있다.

ビジネスメールシチュエーション ②

貴社のホームページを拝見し、このメールを書いております。
　　귀사의 홈페이지를 보고 이 메일을 쓰고 있습니다.

 1번보다 더 정중한 표현이다. 拝見する는 見る보다 자신을 낮춘 겸양 표현이다. 첫 메일을 쓸 때는 상대의 홈페이지에서 주소를 알게 된 경우라도 그 경위를 구체적으로 설명해 주는 것이 예의이다.

ビジネスメールシチュエーション ③

以前ソウルでお会いし、名刺をいただいたホン・ギルドンです。覚えていらっしゃいますか。
　　전에 서울에서 만나 뵙고 명함을 받은 홍길동입니다. 기억하고 계십니까?

 언젠가 만난 적이 있는 사람에게 자신을 기억하는지 물으면서 자연스럽게 메일의 서두를 꺼내는 표현이다.

Words
- 拝見(はいけん)する 삼가 보다
- お会(あ)いする 만나 뵙다

In More Depth 한걸음 더

비즈니스 메일의 주의사항

메일은 간편하게 의사소통을 할 수 있는 편리함도 있지만 검토 없이 발송을 잘못 누르는 등 자칫 실수를 범하기 쉽다는 단점도 있다. 여기서는 비즈니스 메일을 보낼 때의 주의사항을 살펴본다.

- 메일은 상대를 배려하여 경어를 쓴다.
- 문장은 되도록 짧게 쓰고 불가피하게 길어질 때는 단락을 나눠준다.
- 문장을 다 쓴 후에는 오탈자를 확인한다.
- 전송 전에는 첨부 파일을 첨부했는지 반드시 확인한다.
- 급한 메일일 경우에는 문자 등으로 메일의 발송여부를 알린다.

Quiz 이런 경우에는 일본어로 어떻게 표현?

Q1. _____。(株)韓国商事営業部のホン・ギルドンです。
처음 뵙겠습니다. (주)한국상사 영업부의 홍길동입니다.

Q2. _____。山田さんの紹介でメールを差し上げます。
갑작스런 메일 죄송합니다. 야마다 씨의 소개로 메일을 드립니다.

Q3. 貴社のホームページを見てメールを_____。
귀사의 홈페이지를 보고 메일을 드립니다.

Answer
Q1 初めまして Q2 突然のメール, 失礼いたします Q3 差し上げます

Exercise 한일 번역 도전!

Ex1. 처음 뵙겠습니다. (주)한국상사 영업부의 홍길동이라고 합니다.

Ex2. 홈페이지에서 메일 주소를 보고 연락드립니다.

Ex3. 지난달 전시회에서 명함을 받은 스즈키라고 합니다. 기억하시겠습니까?

Answer

Ex1 처음으로 메일을 보낼 때는 初めまして로 시작한다
初めまして。私は(株)韓国商事のホン・ギルドンと申します。
　처음 보내는 메일일 경우에는 처음 만났을 때의 인사말을 써서 初めまして라고 한다.

Ex2 연락처를 어디에서 알았는지 언급한다
ホームページでメールアドレスを拝見してご連絡差し上げます。
　홈페이지에서 메일 주소를 알게 된 경우라고 하더라도 그것을 어떻게 봤는지 혹은 어떻게 알았는지를 가볍게 언급하면 상대방에게 불필요한 경계심을 갖지 않게 할 수 있다.

Ex3 '기억하고 계십니까?'라는 말을 덧붙여 친밀감을 준다
先月の展示会で名刺をいただいた鈴木と申します。覚えていらっしゃいますか?
　상대방의 기억을 떠올리는 방식으로 메일을 보내면 더욱 친밀감을 느끼게 할 수 있다.

Lesson 02 평소 거래처에 보내는 메일의 첫 문장 시작하기

Point 1 자신을 소개해야 하는 경우
Point 2 평소에 보내는 메일은 요렇게!
Point 3 오랜만이라면 이런 메일 패턴 어때?

우리는 거래처에 메일을 쓸 경우 흔히 '안녕하세요. ~회사의 ~입니다.'라는 인사말을 서두에 쓴다. 일본도 회사명과 이름을 알리며 시작하는 것은 같지만 '안녕하세요' 대신 거래처에 보내는 메일이라면 いつもお世話になっております。(항상 신세를 지고 있습니다.)를, 사내 메일이라면 お疲れ様です。(수고하십니다.)를 관용적으로 쓴다. 이 과에서는 평소 거래처에 보내는 메일에서 자주 쓰는 시작 표현을 알아보자.

送信者　gdhong@mycompany.com
宛先　yamadatarou@yourcompany.com
件名　ホン・ギルドンです

山田株式会社　営業部
山田太郎様

いつもお世話になっております。
（株）韓国商事のホン・ギルドンです。
ずいぶんご無沙汰しておりますが、いかがお過ごしですか。

（株）韓国商事　営業部　ホン・ギルドン
TEL：82-2-337-3053
FAX：82-2-337-3054

••• 홍길동입니다
항상 신세 지고 있습니다. (주)한국상사의 홍길동입니다.
한동안 연락 못 드렸는데, 어떻게 지내고 계신가요?

Point 1 자신을 소개해야 하는 경우

 자기소개는 ○○社の○○です가 일반적이다

ビジネスメールシチュエーション 1

私は(株)韓国商事のホン・ギルドンです。
저는 (주)한국상사의 홍길동입니다.

자기소개에서 가장 기본이 되는 표현이다. 처음에 자신을 소개할 때는 회사이름, 본인의 이름 순으로 말한다. 정중한 느낌을 주고 싶을 때는 です 대신 と申(もう)します를 쓴다. 친한 사이라면 私は를 생략하고 곧바로 こんにちは로 시작하면 친밀감을 줄 수 있다.

ビジネスメールシチュエーション 2

私は、(株)韓国商事人事課課長のホン・ギルドンと申します。
저는 (주)한국상사 인사과 과장인 홍길동이라고 합니다.

조금 더 구체적으로 자기소개를 할 때 쓸 수 있는 표현이다. 이때는 회사명, 부서명, 직급, 이름 순으로 말한다. の 대신 ~をしている(~을 하고 있는)로 바꿔 쓸 수 있으며, 이를 더 정중하게 표현하면 ~をしております가 된다.

ビジネスメールシチュエーション 3

この度、人事で営業を担当することになりましたパク・ジソンです。
이번에 인사에서 영업을 담당하게 된 박지성입니다.

새로운 부서에 오게 되어 인사메일을 보낼 때 쓰는 표현이다. 담당자가 바뀌어서 자기소개를 할 때는 この度、○○さんに代わって~を担当することになりました○○です(○○ 씨를 대신해 ~을 담당하게 된 ○○라고 합니다)라고 하며, 더 정중하게 표현하면 この度、○○さんに代わって私が~を担当させていただくことになりました가 된다.

Words
- ~ことになる ~하게 되다 • に代(か)わって을 대신해서 • させていただく 하도록 허락을 받다

Point 2 평소에 보내는 메일은 요롷게!

평소 거래처에 메일을 보낼 때는 お世話になっております를 쓴다

ビジネスメールシチュエーション 1

> いつもお世話になっております。A社の本田です。
> 항상 신세 지고 있습니다. A사의 혼다입니다.

메일 서두에 정해진 문구처럼 사용하는 표현이다. '항상 신세를 지고 있다'라고 감사의 인사말로 거래처에 메일을 보낼 때 쓴다. いつも 뒤에 大変을 넣어 いつも大変お世話になっております라고도 한다.

ビジネスメールシチュエーション 2

> いつもお心遣いいただき、まことにありがとうございます。
> 항상 마음을 써 주셔서 진심으로 감사드립니다.

상대가 무엇인가를 해 주었을 때 그에 대한 감사의 말로 쓰는 표현이다. いただく는 겸양어로 자신을 낮추어 상대의 행동을 높이는 말이다. いつも 뒤에 '따뜻한'이란 의미의 温かい를 넣어 いつも温かいお心遣いをいただき、まことにありがとうございます라고도 한다.

ビジネスメールシチュエーション 3

> いつもお心にかけていただき、深く感謝申し上げます。
> 항상 마음을 써 주셔서 깊이 감사드립니다.

2번보다 정중한 표현이다. 더욱 정중하게 할 때는 平素よりなにかとお心にかけていただき、まことにありがたく存じます。(평소에 여러 가지로 마음을 써 주셔서, 진심으로 감사하게 생각합니다.)라고도 한다. 存じます는 思います의 겸양어이다.

Words
- 世話(せわ)になる 신세를 지다, 도움을 받다 • 心遣(こころづか)い 마음을 씀, 심려, 배려 • 平素(へいそ) 평소
- まことに 정말로, 참말로 • 存(ぞん)じる 알다(知る), 생각하다(思う)의 겸양어 • なにかと 이것저것, 여러 가지로

Point 3   오랜만이라면 이런 메일 패턴 어때?

 오랜만에 메일을 보낼 때는 お久しぶりです로 시작한다

ビジネスメールシチュエーション ①

お久しぶりです。お変わりありませんか。
오랜만입니다. 별일 없으십니까?

오랜만에 메일을 보낼 때 쓰는 일반적인 표현이다. 뒤에는 昨年の懇親会でお会いして以来ですね。(작년에 친목회 때 뵌 후 처음이네요.)와 같은 말이 따른다.

ビジネスメールシチュエーション ②

ご無沙汰しておりますが、いかがお過ごしですか。
오래간만입니다만. 어떻게 지내고 계신가요?

ご無沙汰는 '오랫동안 격조함, 무소식'이란 無沙汰의 공손한 말씨로 정중하게 말할 때는 ご無沙汰しております라고 하고, 친구 사이에서는 ご無沙汰。(오랜만이다.) 혹은 お互いひさしぶりね。(오랜만이다.) 라고 편하게 말한다.

ビジネスメールシチュエーション ③

ずいぶんご無沙汰しています。いかがお過ごしですか。
한동안 연락 못 드렸습니다. 어떻게 지내고 계신가요?

아주 긴 시간동안 연락이 없었거나 만나지 못한 사람에게 메일을 보낼 때 쓰는 표현이다. ずいぶんご無沙汰しています는 なかなかご連絡もできず申し訳ありません。(좀처럼 연락도 못 드리고 죄송합니다.)로 바꿔 쓸 수 있으며 いかがお過ごしですか 대신에 더 높여서 말할 때는 お変わりなくお過ごしのことと存じます。(변함없이 잘 지내고 계시리라 생각합니다.)라고 말할 수도 있다.

Words
- 久(ひさ)しぶり 오래간만 • 過(す)ごす 지내다 • 互(たが)い 서로
- 懇親会(こんしんかい) 간친회, 다정하고 친밀하게 사귀는 것을 목적으로 하는 모임
- ご無沙汰(ぶさた) 오랫동안 격조함 • いかが 어떻게

In More Depth 한걸음 더

비즈니스 메일에서는 누구 앞으로 보내는 것인지 확실하게 알리는 것이 중요하므로 우리말의 '~님'에 해당하는 인사말을 생략하는 일은 없다. 일본에서는 개인 앞으로 보낼 때는 〇〇様, 회사 앞으로 보낼 때는 〇〇御中으로 확실하게 구분해서 쓴다. 様는 우리말의 '님'에 해당하며 개인에게, 御中는 '귀중'에 해당하며 조직에 쓴다. 만약 山田씨에게 보낼 때는 山田様를, 山田商事라는 회사에 보낼 때는 山田商事御中라고 쓴다. 물론 조직에 소속되어 있는 山田太朗라는 개인에게 보낼 때는 山田商事営業部 山田太朗様로 이름 뒤에 様를 붙인다.

개인	〇〇様
조직	〇〇御中
조직의 개인	〇〇会社〇〇部〇〇様

Words
- 様(さま) 님 ・御中(おんちゅう) 귀중 ・お会(あ)いする 만나 뵙다

Quiz 이런 경우에는 일본어로 어떻게 표현?

Q1. 私は(株)韓国商事のホン・ギルドン _____ 。
저는 (주)한국상사의 홍길동입니다.

Q2. _____ しておりますが、_____ お過ごしですか。
오래간만입니다만, 어떻게 지내고 계신가요?

Q3. いつも _____ になっております。A社の本田です。
항상 신세 지고 있습니다. A사의 혼다입니다.

Answer
Q1 です Q2 ご無沙汰, いかが Q3 お世話

Exercise 한일 번역 도전!

Ex1. 항상 신세를 지고 있습니다. (주)한국상사의 홍길동이라고 합니다.

Ex2. 한동안 연락 못 드려서 죄송합니다. 어떻게 지내고 계십니까? 별일 없으시죠?

Ex3. 항상 신경을 써 주셔서 진심으로 감사드립니다.

Answer

Ex1 '항상 신세 지고 있습니다'는 いつもお世話になっております

いつもお世話になっております。(株)韓国商事のホン・ギルドンと申します。
상대가 이미 거래 관계가 있는 거래처의 사원인 경우에는 비록 처음 보내는 메일이라도 평소에 도움을 받고 있는 것에 대한 감사 인사를 잊지 않는다.

Ex2 오랜만에 연락을 할 때는 ご無沙汰して~를 쓴다

ずいぶんご無沙汰して申し訳ありません。いかがお過ごしですか。お変りありませんか。
오랜만에 연락을 못 드린 것을 사과하면서 안부를 묻는 문장이다.

Ex3 ~いただき、まことにありがとうございます를 써서 상대에게 감사의 말을 전한다

いつもお心遣いいただき、まことにありがとうございます。
이 문장에서 행위자는 말하는 사람이 아니라 상대방이고, 그 행위를 받는 쪽은 말하는 사람이다. 따라서 말하는 사람을 낮춰서 상대를 높이는 겸양어 いただく를 쓰는 것이다.

Lesson 03 답 메일 표현 따라하기

Point 1 '잘 받았습니다' 답장 쓰기 패턴
Point 2 '받은 날짜'를 언급하고 싶다면?
Point 3 답장이 늦었을 땐 어떡하지?

상대방의 메일에 회신할 때도 메일을 보낼 때와 마찬가지로 메일의 주제나 전제를 처음부터 말하는 것이 일반적이다. 이 과에서는 답장에 쓰이는 기본 표현을 알아본다.

送信者　gdhong@mycompany.com

宛先　　yamadatarou@yourcompany.com

件名　　契約の件

山田株式会社　営業部
山田太郎様

(株)韓国商事　営業部のホン・ギルドンです。
メール受け取りました。ありがとうございます。
検討してご連絡いたします。

(株)韓国商事　営業部　ホン・ギルドン
TEL：82-2-337-3053
FAX：82-2-337-3054

●●● 계약 건

(주)한국상사 영업부의 홍길동입니다. 메일 잘 받았습니다. 감사합니다.
검토 후 연락드리겠습니다.

Point 1 '잘 받았습니다' 답장 쓰기 패턴

'받았습니다'는 受け取りました

ビジネスメールシチュエーション 1

> メール受け取りました。
> 메일 잘 받았습니다.

가까운 사이에 메일을 주고 받을 때 쓰는 표현이다. '받았습니다'라고 쓴 후엔 **ありがとうございました。**(감사합니다.)를 써서 감사의 뜻을 전하는 것이 좋다.

ビジネスメールシチュエーション 2

> メール、ありがとうございました。
> 메일 감사합니다.

메일에 대한 감사 인사로 친한 사이나 자신보다 높은 사람에게도 사용할 수 있는 표현이다. 다른 표현으로는 **メールをいただき、ありがとうございました。**(메일을 주셔서 감사드립니다.)가 있다. 만약 답장에 관한 인사말이라면 **ご返信、ありがとうございました。**(답장 감사드립니다.) 혹은 **早々のお返事、ありがとうございました。**(빠른 답장 감사드립니다.)로, 문의를 받은 경우라면 **お問い合わせ、ありがとうございます。**(문의 감사드립니다.)라고 한다.

ビジネスメールシチュエーション 3

> 6月20日付けの、開発スケジュールに関するメールを送っていただきありがとうございました。
> 6월 20일자로 개발 스케줄에 관한 메일을 보내 주셔서 감사드립니다.

구체적으로 어떠한 내용의 메일을 수신했음을 알리는 표현이다. **送っていただきありがとうございました**는 **ご送付いただきありがとうございました。**(송부해 주셔서 감사드립니다.)로 바꿔 쓸 수 있다.

Words
- 受(う)け取(と)る 받다 ● 返信(へんしん) 회신 ● 早々(そうそう) 일찍 ● 返事(へんじ) 대답, 답장
- 問(と)い合(あ)わせ 조회, 문의 ● ~付(づ)け ~일자 ● 送付(そうふ) 송부

Point 2 '받은 날짜'를 언급하고 싶다면?

 '답장'은 返事를 쓴다

ビジネスメールシチュエーション 1

6月20日付けでいただいたメールについてお返事します。

6월 20일자로 주신 메일에 대한 답변입니다.

메일에 관한 답장을 할 때 무난하게 자주 사용하는 표현이다. 메일을 받은 '답장'에는 통상적으로 返事를 쓴다. お返事します를 お返事いたします로 바꾸면 정중한 느낌을 줄 수 있다.

ビジネスメールシチュエーション 2

先日いただいたメールのことですが、その日は都合があって出席できそうにありません。

저번에 주신 메일 말입니다만, 그 날은 사정이 있어서 출석할 수가 없을 것 같습니다.

상대방으로부터 받은 메일을 언급하면서 메일의 답장을 보내는 표현으로 가장 일반적인 표현이다.

ビジネスメールシチュエーション 3

お問い合わせのメールの件ですが、現在プログラムをチェックしておりますので、回答は2、3日お待ちください。

문의하신 메일 건 말입니다만, 현재 프로그램을 체크하는 중이므로 답장은 2, 3일 기다려 주십시오.

메일에 대한 답장을 바로 보낼 수 없을 때 쓰는 표현이다. チェックしておりますので는 チェック中ですので(체크 중이므로)로 바꿔 쓸 수 있다. 뒤에는 답장 가능한 메일의 날짜를 표시한 다음 메일의 용건을 언급한다.

Words
- 都合(つごう)がある 사정이 있다 • 現在(げんざい) 현재 • 回答(かいとう) 회답

Point 3 답장이 늦었을 땐 어떡하지?

답장이 늦어졌을 땐 정중하게 사과한다

ビジネスメールシチュエーション ①

すぐにお返事ができなくてすみません。
바로 답장을 못해서 미안합니다.

 친한 사이에 답장이 늦어진 점을 사과하는 표현이다. 조금 더 정중하게 표현하고 싶을 때는 **すぐにお返事ができず申し訳ありません**을 쓰며, 허물없는 친구 사이에서는 **すぐに返事ができなくてごめんさい**를 쓴다.

ビジネスメールシチュエーション ②

数日間出張しておりオフィスを留守にしていたため、すぐにお返事ができず申し訳ありません。
며칠간 출장을 다녀온 관계로 사무실을 비워서 바로 답장을 못한 점 사과드립니다.

 답장이 늦은 경우에는 처음에 사과로 시작하는 점이 매너이다. 이유를 말할 때는 '~해서'라는 뜻의 ~いたため 외에도 ~でしたので、~くて를 써서 표현할 수 있다. 또 이유를 말하면서 사과할 때는 **早くご連絡できなかったことをお詫びいたします。**(빨리 연락을 드리지 못한 점 사과드립니다.)를 써서 표현할 수도 있다. 만약 회의 중이었을 때는 **会議中でしたので**(회의 중이어서를, 바빴을 때는 **忙しくて**(바빠서)라고 하고 뒤에 답장을 못한 것에 대한 사과를 하면 된다.

ビジネスメールシチュエーション ③

せっかくメールをくださったのに、気付かず、お返事が遅れて申し訳ありません。
모처럼 메일을 주셨는데 확인을 못해 답장이 늦어서 죄송합니다.

 메일이 온 사실을 모르고 있다가 답장이 늦어졌을 때 쓸 수 있는 표현이다. 뒤에는 역시 답장이 늦은 것에 대한 사과 내용이 오는 것이 좋다.

Words
- お詫(わ)び 사과 ・ 気付(きづ)かず 눈치 채지 못해

In More Depth 한걸음 더

메일에 대한 설명을 덧붙이는 표현
상대로부터 받은 메일을 언급하면서 답장을 하는 방법이 있는가 하면 때로는 그와 반대로 이쪽에서 보낸 메일에 대해 언급하면서 서두를 쓸 경우도 있을 것이다.

- 先ほどお送りした取材依頼の件ですが、追加の内容がありますのでメールいたします。
  방금 전에 보낸 취재의뢰 건 관련인데요, 추가 내용이 있어서 메일을 보냅니다.
- 先ほどお送りしたメールの件ですが、日時が変更になりましたので、お知らせいたします。
  방금 전에 보낸 메일 건 관련인데요, 일시가 변경되어서 알려드립니다.

Words
- 取材(しゅざい) 취재 ・ 依頼(いらい) 의뢰 ・ 追加(ついか) 추가 ・ 変更(へんこう)になる 변경이 되다

Quiz 이런 경우에는 일본어로 어떻게 표현?

Q1. メール＿＿＿＿＿＿＿＿。
  메일 잘 받았습니다.

Q2. 先日＿＿＿＿＿＿＿メールのことですが、その日は＿＿＿＿＿＿＿出席できそうにありません。
  저번에 주신 메일 말입니다만, 그 날은 사정이 있어서 출석할 수가 없을 것 같습니다.

Q3. 数日間出張しておりオフィスを＿＿＿＿＿＿いたため、すぐに＿＿＿＿＿＿ができず申し訳ありません。
  며칠간 출장을 다녀온 관계로 사무실을 비워서 바로 답장을 못한 점 사과드립니다.

Answer
Q1 受け取りました　Q2 いただいた, 都合があって　Q3 留守にして, お返事

Exercise 한일 번역 도전!

Ex1. 1월 31일(월)자 메일 잘 받았습니다.

Ex2. 7월 20일자 메일에 대한 연락입니다. 답장이 늦어진 점 사과드립니다.

Ex3. 모처럼 초대해 주셨는데 참가할 수 없을 것 같습니다. 죄송합니다.

Answer

Ex1 메일을 받았음을 알릴 때는 受け取る를 쓴다
1月31日(月)付けのメール受け取りました。
　메일을 받은 날짜를 언급하면서 전달하는 확실한 문구이다. '확실히' 받았다고 말하고 싶을 때는 確かに를 넣어 1月31日(月)付けのメール確かに受け取りましたと라고 한다.

Ex2 답장이 늦어진 점을 사과하는 문구
7月20日付けのメールについてご連絡いたします。お返事が遅れてしまったことをお詫びいたします。
　이전에 받은 메일에 대한 답장을 할 경우 그 메일의 내용을 간략하게 요약해서 ~付けのメールについて~로 설명할 수 있다. 연락이 늦은 것에 대한 사과는 連絡が遅くなったことをお詫びいたします로도 바꿔 말할 수 있다.

Ex3 초대에 응할 수 없어서 사과할 때는 申し訳ありません을 쓴다
せっかくお誘いくださったのに、参加できそうにありません。申し訳ありません。
　お誘いくださったのに는 誘ってくださったのに로 바꿔 쓸 수 있다. '참가는 어렵다'라는 의미는 参加は難しそうです로 쓸 수도 있다. 과거의 이야기를 언급할 때는 参加できず申し訳ありませんでした라고 한다.

Lesson 04 자사 광고를 위한 메일 쓰기

Point 1 회사를 어필하기 위한 표현
Point 2 상품이나 서비스의 장점을 어필하기 위한 표현

광고성 메일과는 차별성 있게 회사를 어필하거나 자사의 상품을 설명하는 것은 쉽지 않다. 이 과에서는 상대방에게 최대한 진심이 느껴지는 어필 방법을 알아보자.

送信者 : gdhong@mycompany.com
宛先 : yamadatarou@yourcompany.com
件名 : 会社のプロフィール

山田株式会社　営業部
山田太郎様

突然のメールで失礼いたします。
ホームページを拝見してご連絡させていただきました。
弊社は電子産業を得意とする企業です。

㈱韓国商事　営業部　ホン・ギルドン
　TEL：82-2-337-3053
　FAX：82-2-337-3054

●●● 회사의 프로필

갑작스러운 메일로 실례가 많습니다. 홈페이지를 보고 연락드립니다. 저희 회사는 전자산업이 강한 기업입니다.

Point 1 회사를 어필하기 위한 표현

 회사를 어필할 때는 ～を得意とする企業です

ビジネスメールシチュエーション ①

弊社は電子産業を得意とする企業です。
저희 회사는 전자산업이 강한 기업입니다.

 회사의 강점을 어필할 때 쓰는 표현이다. ～を得意とする는 わが社は〇〇を得意とする会社です. (우리 회사는 〇〇이 강한 회사입니다.) 또는 〇〇を専門とする会社です. (〇〇을 전문으로 하는 회사입니다.)와 같이 응용할 수 있다.

ビジネスメールシチュエーション ②

わが社はコンピュータに関しては熟知しておりますので、次世代コンピュータ開発に必ずお役に立てると存じております。
우리 회사는 컴퓨터에 관해서는 잘 알고 있으므로 차세대 컴퓨터 개발에 꼭 도움이 될 것이라고 생각합니다.

 자기 회사의 장점을 부각시키면서 어필하는 표현이다. '～에 관해서는 잘 알고 있으므로'는 ～に関しては熟知しておりますので로 표현한다. 앞부분을 약간 바꿔서 わが社は経営管理は徹底しておりますので、合併いたしましても必ずお役に立てると存じております. (우리 회사는 경영관리는 철저하게 하므로 합병을 해도 꼭 도움이 될 것입니다.)로 표현할 수도 있다.

ビジネスメールシチュエーション ③

わが社のコンピュータシステムを導入していただきたく、ご連絡申し上げる次第です。
우리 회사의 컴퓨터 시스템을 도입해 주시면 어떨까 해서 연락드리는 바입니다.

 ～していただきたく、ご連絡申し上げる次第です는 '～하고 싶어 연락드리는 바입니다'로, 회사를 간접적으로 홍보하는 표현이다.

Words
- 得意(とくい) 가장 숙련되어 있음, 가장 잘함
- 熟知(じゅくち) 숙지, 잘 암
- 導入(どうにゅう)する 도입하다

Point 2   상품이나 서비스의 장점을 어필하기 위한 표현

 상품이나 서비스의 장점은 自信を持ってお勧めできます **로 호소**

ビジネスメールシチュエーション ①

わが社のノートパソコンは軽量で、持ち運びに便利ですので、出張の多いビジネスマンにも自信を持ってお勧めできます。
우리 회사의 노트북은 경량으로 운반하기 편리하므로 출장이 많은 비즈니스맨에게도 자신 있게 추천합니다.

~ですのでで 상품이나 서비스의 가치를 설명한다. 앞에 좋은 점을 나열한 후 '자신 있게 추천하다'라는 뜻의 自信を持ってお勧めできます로 마무리 한다.

ビジネスメールシチュエーション ②

生産システムを自動化することで、コストダウンを可能にしました。
弊社の新製品をご検討いただきたく、ご連絡申し上げる次第です。
생산 시스템을 자동화함으로써 비용절감을 가능하게 되었습니다.
저희 회사의 신제품을 검토해 주셨으면 해서 연락드리는 바입니다.

~することで、~を可能にしました(~하는 것으로 ~를 가능하게 했습니다)로 장점을 강조한다. コストダウン 대신에 不良品の出る確率を減らすこと(불량품이 나올 확률을 줄이는 것)를 넣어 표현할 수도 있다.

ビジネスメールシチュエーション ③

わが社は常に優れた製品の供給とサービスの提供をしております。
우리 회사는 항상 뛰어난 제품 공급과 서비스 제공을 하고 있습니다.

회사의 강점을 말하면서 어필하는 표현이다. 提供をしております。는 提供できます(제공 가능합니다.)로 바꿔서 말할 수 있다. て 대신에 '또한, 동시에'라는 뜻의 かつ를 이용해서 장점을 나열할 수도 있으며, '~해서 ~가능합니다'는 ~ておりまして~できます를 쓴다.

Words
- 軽量(けいりょう) 경량 • 持(も)ち運(はこ)ぶ 들어 나르다, 운반하다 • 勧(すす)める 권하다 • 生産(せいさん) 생산
- 提供(ていきょう)する 제공하다 • かつ 또한, 동시에

In More Depth 한걸음 더

상대에게 호의를 베풀고자 할 때 쓰는 표현

상대에게 도움을 주고 싶다는 이쪽의 의향을 전달할 때는 '도움이 필요하면 연락 주세요'와 같이 상대방에게 결정권이 있다는 뉘앙스를 준다든지 '쓸데없는 참견일지도 모르겠지만'과 같은 표현을 앞에 덧붙여 말하는 것이 좋다.

- 人手が足りなければ、ご連絡ください。
  일손이 부족하면 연락 주세요.
- おせっかいかとは思いましたが、何もせずにはいられず、メールいたしました。
  쓸데없는 참견일지도 모르겠지만, 아무것도 하지 않고 있을 수 없어 메일 보냅니다.
- おせっかいかとは思いましたが、私にも何かできることがないかと思い、メールいたしました。
  쓸데없는 참견일지도 모르겠지만, 제게도 무슨 가능한 일이 있지 않을까 해서 메일 보냅니다.

Words
- 人手(ひとで)が足(た)りない 일손이 부족하다
- おせっかい 쓸데없는 참견

Quiz 이런 경우에는 일본어로 어떻게 표현?

Q1. 弊社は電子産業を _____ 企業です。
저희 회사는 전자산업이 강한 기업입니다.

Q2. わが社のノートパソコンは軽量で、持ち運びに便利ですので、出張の多いビジネスマンにも _____ お勧めできます。
우리 회사의 노트북은 경량으로 운반하기 편리하므로 출장이 많은 비즈니스맨에게도 자신 있게 추천합니다.

Q3. 生産システムを自動化することで、コストダウンを _____ 。弊社の新製品をご検討いただきたく、ご連絡申し上げる _____ 。
생산 시스템을 자동화함으로써 비용절감을 가능하게 되었습니다. 저희 회사의 신제품을 검토해 주셨으면 해서 연락드리는 바입니다.

Answer
Q1 得意とする Q2 自信を持って Q3 可能にしました, 次第です

Exercise 한일 번역 도전!

Ex1. 우리 회사는 한국의 IT업계에 있어 제1의 기업입니다.

Ex2. 우리 회사의 보수 서비스계약을 검토해 주셨으면 해서 연락드리는 바입니다.

Ex3. 우리 회사는 우수한 사원이 모여 있어서 항상 최신 기술을 제공 가능합니다.

Answer

Ex1 회사를 어필할 때는 わが社は〜においてトップの企業です를 쓴다
わが社は韓国のIT業界においてトップの企業です。
　　회사를 소개하는 문장으로 〜においては '〜에서, 〜에 있어서'라는 의미로 명사에 연결된다. 〜で와 비슷한 용법이지만 문어체에서 많이 볼 수 있고 장소·시간을 기본적으로 가리키지만, 추상적인 범위나 판단기준 등을 나타내기도 한다.

Ex2 〜をご検討いただきたく로 직접적인 표현을 회피
わが社の保守サービス契約をご検討いただきたく、ご連絡申し上げる次第です。
　　〜をご検討いただきたく、ご連絡申し上げる次第です。(〜해 주시면 하고 연락드리는 바입니다.)라는 표현을 쓴다. 〜次第です는 '〜하는 바입니다'라는 의미로 쓴다.

Ex3 〜ておりまして〜できますの 표현
わが社は優秀な社員がそろっておりまして常に最新の技術を提供できます。
　　'〜해서 〜가능합니다'는 〜ておりまして〜できます라고 한다. そろう는 '갖추어지다, 한 곳에 모이다'라는 뜻을 가지고 있다.

초간단 메일편 Part 2

비즈니스를 하다 보면 항상 시간에 쫓기게 된다. 그렇다고 중요한 메일을 받았는데 시간이 없다는 이유로 답장을 미루면 답장을 초초하게 기다리는 상대방에게는 본의 아니게 큰 실례를 범하게 된다. Part2에서는 메일을 받고도 바로 답장을 보낼 수 없을 때, 부재중일 때, 감사인사를 전할 때, 미안한 마음을 전할때 메일 표현을 알아본다.

Lesson 05   촉각을 다투는 비즈니스, 간단한 수신 메일 쓰기
Lesson 06   부재중 메일 쓰기
Lesson 07   색깔 있는 감사의 마음 전하기
Lesson 08   미안한 마음 전하기

Lesson 05

촉각을 다투는 비즈니스, 간단한 수신 메일 쓰기

Point 1 상대방의 메일에 동의한다는 표현
Point 2 '확인했다'는 메시지 어떻게 전할까?
Point 3 제3자에게 쉽게 전달하는 표현법

메일에 대한 답변이 늦어질 것 같은 경우에는 일단 확인했다는 내용을 보내는 것이 예의이다. 시간이 없을 때에는 상대방의 메일을 읽고 바로 답변기능을 이용하여 수신했다는 간단한 메시지를 보낸다. 이 과에서는 수신한 메일에 대한 간단한 답변 표현을 알아보자.

送信者: gdhong@mycompany.com
宛先: yamadatarou@yourcompany.com
件名: 打ち合わせの件

山田株式会社　営業部
山田太郎様

お疲れ様でございます。
打ち合わせの件、分かりました。その日は大丈夫です。
よろしくお願いいたします。

(株)韓国商事　営業部　ホン・ギルドン
TEL：82-2-337-3053
FAX：82-2-337-3054

▶▶▶ 미팅 건

수고가 많으십니다. 미팅 건 알겠습니다. 그 날은 괜찮습니다. 잘 부탁드립니다.

Point 1 상대방의 메일에 동의한다는 표현

 '잘 알겠습니다'는 了解です

ビジネスメールシチュエーション 1

分かりました。その日は大丈夫です。
알겠습니다. 그 날은 괜찮습니다.

 상대방이 제시한 날짜와 장소 등에 동의하면서 쓸 수 있는 일반적인 표현이다.

ビジネスメールシチュエーション 2

情報、ありがとうございました。下記、了解です。
정보 감사합니다. 아래 내용 잘 알겠습니다.

 상대방이 제공한 정보를 수용했음을 나타내는 표현이다. 了解는 '자세하다, 자세하게 알아보다, 진상을 알다'라는 뜻으로 '깊이 이해하다'라는 의미를 포함한다. 손윗사람에게는 了解しました 가 아니라 承知しました를 쓴다.

ビジネスメールシチュエーション 3

ご希望通りにいたします。
희망하신 대로 하겠습니다.

おっしゃる通りにいたします。
말씀하신 대로 하겠습니다.

ご指示に従います。
지시하신 대로 따르겠습니다.

 위 예문은 단순히 '동의합니다'보다 정중한 표현이다. 명사나 동사 뒤에서 '~대로'의 뜻으로 쓰이는 ~通り는 명사 뒤에서는 どおり, 동사 뒤에서는 とおり로 읽는다.

Words
- 了解(りょうかい)する 자세하다, 진상을 알다 ● 情報(じょうほう) 정보 ● 希望(きぼう) 희망 ● おっしゃる 말씀하시다
- 指示(しじ) 지시 ● 従(したが)う 따르다, 좇다

Point 2 '확인했다'는 메시지 어떻게 전할까?

@ 会社に戻り次第ご連絡いたします는 자주 사용하는 편리한 표현이다

ビジネスメールシチュエーション **1**

今外なので、会社に戻り次第ご連絡いたします。
지금 밖이라서 회사에 돌아가는 대로 연락드리겠습니다.

메일은 확인 했지만 지금 회사 밖이라 회사에 돌아가는 대로 연락드리겠다고 말하는 표현이다. **今外なので**는 **今外出中なので**(지금 외출 중이라)로 바꿔 쓸 수 있다. 만약 질문을 받은 것이라면 **ご質問の件ですが、分かり次第ご連絡差し上げます。**(질문 건 말입니다만, 알게 되는 대로 연락드리겠습니다.) 또는 **ご質問の件ですが、確認が済み次第ご連絡差し上げます。**(질문 건 말입니다만, 확인이 끝나는 대로 연락드리겠습니다.)와 같이 구체적인 답을 할 수도 있다.

ビジネスメールシチュエーション **2**

今ちょっと忙しいので、約2時間後にメールを入れます。
지금 좀 바빠서 약 2시간 후에 메일 보내겠습니다.

메일 확인은 했지만 지금 바로 답장을 보낼 수 없어 답장 가능한 시간을 전할 때 쓸 수 있는 표현이다. 또 다른 표현으로는 직역하면 '지금 손을 놓을 수 없어서, 지금 손이 묶여서'라는 뜻인 **今、手が離せないので**를 써서 **今、手が離せないので、後程ご連絡いたします。**(지금 바빠서 나중에 연락드리겠습니다.)라고 할 수 있다. 이때 **後程**는 **後で**로 바꿔 쓸 수 있다.

ビジネスメールシチュエーション **3**

今すぐにはお返事できませんが、確認でき次第ご連絡いたします。
지금 당장은 답장을 못하지만 확인 되는대로 바로 연락하겠습니다.

메일을 받았지만 바로 답장을 보낼 수 없을 때 쓸 수 있는 표현이다.

Words
- 戻(もど)る 되돌아오다, 가다 ● ~次第(しだい) ~하는 대로 ● 済(す)む 완료되다, 끝나다
- 手(て)が離(はな)せない 바쁘다, 손을 놓을 수 없다 ● 後程(のちほど) 조금 지난 뒤, 나중에 ● 後(あと)で 나중에

Point 3   제3자에게 쉽게 전달하는 표현법

 '메일이 왔습니다'는 メールが来ました

ビジネスメールシチュエーション ①

A社から以下のようなメールが来ました。ご参考までに転送します。どうやら注文なさった商品は品切のようです。

A사로부터 아래와 같은 메일이 왔습니다. 참고로 전송합니다. 아무래도 주문하신 상품은 품절인 것 같습니다.

 제3자에게 메일을 전달할 때 쓰는 표현이다. ご参考までに。라고 쓴 후 메일 전체를 첨부할 수도 있다.

ビジネスメールシチュエーション ②

新企画の件ですが、山田さんがメールされるとのことです。

신기획 건 말입니다만, 야마다 씨가 메일 보내신다고 합니다.

 제3자에게 어떤 내용을 전달할 때 쓰는 표현이다. 또는 山田さんから社長によろしくお伝えください、とのことでした。(야마다 씨가 사장님께 인사 전해 달라 하셨습니다.)와 같이도 쓴다. から대신 よりを 써도 무방하다. 만약 상대방에게 메일을 보내달라고 부탁할 때는 鈴木さんの方からお客様にメールを送っていただけませんか。(스즈키 씨 쪽에서 손님에게 메일을 보내주시면 안 되겠습니까?)라고 한다.

ビジネスメールシチュエーション ③

A社から新プロジェクトについて質問がありました。お手数をお掛けしますが、ご確認の程、よろしくお願いいたします。

A사로부터 신프로젝트에 대한 질문이 있었습니다. 수고스럽겠지만, 확인 잘 부탁드립니다.

 단순한 메일의 전달이 아닌 다른 담당자에게 확인을 부탁하고 싶을 때 쓸 수 있는 표현이다.

Words
- 品切(しなぎれ) 품절 • 手数(てすう) 수고, 귀찮음, 잔손질

In More Depth 한걸음 더

자신 앞으로 온 메일을 다른 사람에게 전달할 때의 표현
자신 앞으로 온 메일을 사정상 다른 사람에게 전달했을 때는 원래 메일을 보내 온 사람에게도 이와 같은 사실을 알리는 것이 좋다. 메일을 다른 사람에게 전송하기 전이나 후에는 이러한 상황을 상대방에게 미리 알려 양해를 구하도록 한다.

- 私の裁量で、貴殿の7月4日付けのメールを転送いたしましたが、よろしかったでしょうか。
  제 재량으로 귀하 7월 4일자 메일을 전송했습니다만, 괜찮으십니까?

- いただいたメールの件ですが、担当者に転送いたしました。
  その担当者の方から後日連絡があると思いますので、よろしくお願いします。
  받은 메일 건 말입니다만, 담당자에게 전송했습니다.
  그 담당자 쪽에서 며칠 후 연락이 있을 것 같으니 잘 부탁드립니다.

Words
- 裁量(さいりょう) 재량
- 後日(ごじつ) 후일

Quiz 이런 경우에는 일본어로 어떻게 표현?

Q1. ＿＿＿＿＿＿。その日は大丈夫です。
　　　알겠습니다. 그 날은 괜찮습니다.

Q2. 今すぐにはお返事できませんが、＿＿＿＿＿＿ご連絡いたします。
　　　지금 당장은 답장을 못하지만 확인 되는대로 바로 연락하겠습니다.

Q3. 新企画の件ですが、山田さんがメールされる＿＿＿＿＿＿。
　　　신기획 건 말입니다만, 야마다 씨가 메일 보내신다고 합니다.

Answer
Q1 分かりました　Q2 確認できましたら　Q3 とのことです

Exercise 한일 번역 도전!

Ex1. 조금 전에 문의하신 건 말입니다만, 지금 외출 중이므로 회사에 돌아가는 대로 연락드리겠습니다.

Ex2. A사로부터 도착한 기획서입니다. 참고로 전송합니다.

Ex3. A사로부터 신프로젝트의 질문이 있었습니다. 수고스럽겠지만, 확인 잘 부탁드립니다.

Answer

Ex1 '~次第'는 바로 행동에 옮기겠다는 의지를 나타낸다
先ほどのお問い合わせの件ですが、今外出中ですので、会社に戻り次第ご連絡いたします。
먼저 ~件ですが로 시작하여 어떤 메일에 대한 답변인지 밝히는 것이 좋다. 그 후 이유를 말하고 바로 연락을 주겠다고 말하는 것이 자연스럽다.

Ex2 ご参考までに로 메일의 부가 설명을 붙인다
A社から届いた企画書です。ご参考までに転送します。
메일에 어떤 것을 첨부했을 때는 'ご参考までに'로 첨부 파일에 대한 부가 설명을 붙이면 좋다. 届く는 메일이나 소포 등이 도착할 때 쓴다.

Ex3 제3자에게 메일을 전달할 때는 목적을 자세히 밝힌다
A社から新プロジェクトの質問がありました。お手数をお掛けしますが、ご確認の程、よろしくお願いいたします。
程는 막연한 정도를 나타내는 명사다. ご確認の程、よろしくお願いいたします는 確認してください。(확인해 주세요.)라는 뜻으로 ご確認、よろしくお願いいたします로도 말할 수 있다.

Lesson 06 부재중 메일 쓰기

Point 1 "출장 중입니다" 패턴
Point 2 "휴가 중입니다" 패턴
Point 3 "휴업합니다" 패턴

출장이나 휴가 등의 이유로 부득이하게 회사를 비워야 할 때는 미리 메일을 확인할 수 없을 경우가 생길 수도 있음을 염두에 둔다. 이 과에서는 자신의 부재를 동료나 중요한 거래처 사람들에게 알리는 표현을 배워보자.

送信者　gdhong@mycompany.com

宛先　yamadatarou@yourcompany.com

件名　冬季休暇のお知らせ

山田株式会社　営業部
山田太郎様

当社は冬季休暇のため、
2013年12月25日から2014年1月3日まで休業いたします。
ご用件がありましたら337-3053までご連絡ください。
来年度も引き続きご愛顧のほど、よろしくお願い申し上げます。

(株)韓国商事　営業部　ホン・ギルドン
　TEL：82-2-337-3053
　FAX：82-2-337-3054

●●● 동계휴가 알림

당사는 동계휴가로 2013년 12월 25일부터 2014년 1월 3일까지 휴업합니다. 용건이 있으신 분은 337-3053으로 연락해 주세요. 내년도에도 계속 관심어린 애정 잘 부탁드립니다.

Point 1 "출장 중입니다" 패턴

 '출장 중'은 出張中, '출근할 예정'은 出社の見込み

ビジネスメールシチュエーション ❶

ホン・ギルドン部長は現在出張中ですが、4月2日には出社の見込みです。部長にご用のある方は8月25日以降にご連絡ください。

홍길동 부장님은 현재 출장 중이십니다만, 4월 2일에는 출근할 예정입니다. 부장님에게 용건이 있는 분은 8월 25일 이후에 연락해 주세요.

 출장을 알리는 대표적 표현이다. 만약 일주일 있다가 출근할 경우일 때는 一週間後には出社の見込みです。(일주일 후에 출근할 예정입니다.)라고 하며, 내일 바로 출근할 경우에는 部長は只今出張中ですが、明日には出社いたします。(부장님은 지금 출장 중입니다만, 내일은 출근합니다.)라고 한다.

ビジネスメールシチュエーション ❷

7月5日から10日は北海道支社に出張いたします。その際の連絡は、電話337-3053、メールyesbooks@naver.comでお願いします。

7월 5일부터 10일까지는 홋카이도 지사에 출장을 갑니다. 그 사이 연락은 전화 337-3053, 메일 yesbooks@naver.com으로 부탁드립니다.

 北海道支社に出張いたしますは 北海道支社出張のため不在になります。(홋카이도 지사 출장을 가서 없습니다.)라고 써도 된다. 메일이 안 될 때는 メールができませんので、ご了承ください。(메일이 안 되므로 양해해 주세요.)라고 양해를 구하고, 부재중 연락에 관한 내용은 留守中のご連絡は会社の方にお願いいたします。(부재중의 연락은 회사 쪽으로 부탁드립니다.)라고 쓰면 된다.

12月2日から2014年1月10日まで、私は長期出張で東京を不在にしますので、電話での連絡はつきません。ご用件があればメールでご連絡ください。

12월 2일부터 2014년 1월 10일까지 저는 장기 출장으로 도쿄를 비우므로 전화 연락은 되지 않습니다. 용건이 있으면 메일로 연락해 주세요.

 출장 등으로 전화 연락이 안 될 때 쓸 수 있는 표현이다. '～으로 연락이 되지 않습니다'는 ～での連絡はつきませんい라고 쓴다. ご用件은 ご用로 바꿔 쓸 수 있다.

Words
- 見込(みこ)み 예상, 전망   • 了承(りょうしょう) 사정을 짐작하여 승낙함, 납득함, 양해

Point 2 "휴가 중입니다" 패턴

 '휴가로 자리를 비운다'는 休暇で留守にいたします

ビジネスメールシチュエーション 1

来週月曜日から水曜日まで、私は休暇で留守にいたします。連絡先は以下の通りです。
> 저는 휴가로 자리를 비웁니다. 연락처는 아래와 같습니다.

 개인적인 이유로 휴가를 냈을 때 쓸 수 있는 표현이다. 留守にいたします는 留守にします의 겸양어이다.

ビジネスメールシチュエーション 2

7月22日火曜日から7月25日金曜日まで休暇を取らせていただきます。その間、メールを読めませんので、ご理解のほどよろしくお願いします。
> 7월 22일 화요일부터 7월 25일 금요일까지 휴가를 냅니다. 그 사이 메일을 읽을 수 없으므로 이해해 주시길 바랍니다.

 휴가로 연락이 닿지 않을 때 알리는 표현이다. 休暇を取ります는 ~させていただく라는 겸양표현을 써서 取らせていただきます라고 한다. 여기서 ご理解のほど는 '이해해 주시기를'이라는 의미이며 ほど는 막연한 상태, 정도를 나타낸다.

ビジネスメールシチュエーション 3

誠に勝手ながら、7月22日から7月25日までお休みさせていただきます。
> 정말로 외람되오나 7월 22일부터 7월 25일까지 쉽니다.

 휴가로 가게 문을 닫을 때 쓸 수 있는 표현이다. 이 표현은 메일뿐 아니라 가게 앞에서 자주 볼 수 있는 표현이다. 誠に勝手ながら는 손님의 허락도 없이 '그야말로 제멋대로' 가게 문을 닫는다는 뉘앙스로 쓴다.

Words
- 留守(るす) 부재중 ● 誠(まこと)に勝手(かって)ながら 그야말로 제멋대로, 정말로 외람되오나

Point 3 "휴업합니다" 패턴

 '**휴업합니다**'는 休業いたします

ビジネスメールシチュエーション ①

当社は冬季休暇のため2013年12月25日から2014年1月3日まで休業いたします。ご用件のある方は、337-3053までご連絡ください。

> 당사는 동계휴가로 2013년 12월 25일부터 2014년 1월 3일까지 휴업합니다. 용건이 있는 분은 337-3053으로 연락해 주세요.

거래처에 휴가를 알리는 표현이다. '휴업하다'는 休業する의 겸양표현인 休業いたします를 쓴다. 동계휴가는 冬季休暇를, 하계휴가는 夏季休暇라고 한다. ~のため은 '~로 인해', '~로'라고 해석한다. '용건이 있으신 분'은 ご用件のある方로 쓴다.

ビジネスメールシチュエーション ②

当社は3月いっぱい休業いたしますが、その間、メールの方は開いておりますので、ご用件がありましたらメールでご連絡ください。

> 당사는 3월 말까지 쉽니다만, 그 사이 메일 쪽은 열려있느니 용건이 있으신 분은 메일로 연락해 주세요.

휴가를 알리고 휴가 중 연락은 메일로 부탁 할 때 쓰는 표현이다. '3월 말까지'는 いっぱい를 써서 3月いっぱい를 쓰며, '그 동안, 그 사이'는 その間, その期間, その際 등을 쓴다.

ビジネスメールシチュエーション ③

2月28日から3月15日までの休暇のため、連絡ができません。臨時の連絡先は以下の通りです。

> 2월 28일부터 3월 15일까지의 휴가로 인해 연락이 안 됩니다. 임시 연락처는 아래와 같습니다.

휴가를 알리고 임시 연락처를 알려주는 표현이다. 임시 연락처는 臨時の連絡先를 쓴다.

Words
- 休業(きゅうぎょう)する 휴업하다 ● 冬季休暇(とうききゅうか) 동계휴가 ● 夏季休暇(かききゅうか) 하계휴가
- 用件(ようけん) 용건 ● その際(さい) 그 때 ● 臨時(りんじ) 임시

In More Depth 한걸음 더

자신의 연락처가 바뀌었다면 바로 알린다

사무실을 이전해서 연락처가 바뀌었을 때는 オフィス移転のお知らせ(사무실 이전 알림)과 같은 메일 제목으로 메일을 보낸다.

件名：オフィス移転のお知らせ
株式会社YESBOOKSは、オフィスを移転いたします。
新住所の連絡先は以下のとおりです。
住所：IcePaceBuilding 1107, Nogosan-dong,
　　　Mapo-gu, Seoul, Korea
電話番号：82-2-337-3053
Fax番号：82-2-337-3054
ご参考までに、地図を添付いたします。

제목：사무실 이전 알림
주식회사 YESBOOKS는 사무실을 이전합니다.
새로운 연락처는 아래와 같습니다.
주소：서울시 마포구 노고산동 아이스페이스 1107호
전화번호：82-2-337-3053
Fax번호：82-2-337-3054
참고로 지도를 첨부합니다.

Words
- 移転(いてん) 이전
- 連絡先(れんらくさき) 연락처

Quiz 이런 경우에는 일본어로 어떻게 표현?

Q1. ホン・ギルドン部長は現在出張中ですが、4月2日には出社の 　　　　 です。
部長にご用のある方は8月25日以降にご連絡ください。

　　홍길동 부장님은 현재 출장 중이십니다만, 4월 2일에는 출근할 예정입니다. 부장님에게 용건이 있는 분은
　　8월 25일 이후에 연락해 주세요.

Q2. 来週月曜日から水曜日まで、私は休暇で 　　　　 。
連絡先は以下の通りです。

　　다음 주 월요일부터 수요일까지 저는 휴가로 자리를 비웁니다. 연락처는 아래와 같습니다.

Q3. 当社は冬季休暇のため2013年12月25日から2014年1月3日まで 　　　　 。
ご用件がありましたら、337-3053までご連絡ください。

　　당사는 동계휴가로 2013년 12월 25일부터 2014년 1월 3일까지 휴업합니다. 용건이 있는 분은 337-3053으로
　　연락해 주세요.

Answer
Q1 見込み　Q2 留守にいたします　Q3 休業いたします

Exercise 한일 번역 도전!

Ex1. 당사는 여름휴가로 인해 2013년 7월 25일부터 7월 30일까지 휴업합니다. 용건이 있는 분은 메일로 연락 주세요.

Ex2. 이번 주 수요일부터 토요일까지는 해외출장을 가서 자리를 비웁니다. 메일이 안 되므로 양해해 주세요. 부재 시의 연락은 회사 쪽으로 부탁드립니다.

Ex3. 부장님은 지금 출장 중입니다만, 내일은 출근합니다.

Answer

Ex1 ~から~まで休業いたします로 부재기간을 알린다
当社は夏季休暇のため2013年7月25日から7月30日まで休業いたします。ご用件のある方は、メールでご連絡ください。
　'급한 용무가 있을 때는 전화로 부탁한다'는 표현은 急用の方はお電話ください라고 한다. 상황에 따라 '급한 일이 아니면 내일 다시 연락해 주세요'라고 하는 표현은 お急ぎでなければ明日、またご連絡くださいという 말을 덧붙일 수 있다.

Ex2 '출장 때문에'는 出張のため
今週の水曜日から土曜日まで海外出張のため不在になります。メールができませんので、ご了承ください。留守中のご連絡は会社の方にお願いいたします。
　'부재시 연락은 회사 쪽으로 부탁드립니다'는 留守中のご連絡は会社の方にお願いいたします라고 쓴다.

Ex3 '내일은 출근합니다'는 明日には出社いたします
部長は只今出張中ですが、明日には出社いたします。
　'지금, 현재'는 只今(ただいま), '출장 중'은 出張中이라고 한다. '출근할 예정입니다'로 말하고 싶을 때는 見込み를 써서 一週間後には出社の見込みです。(일주일 후에는 출근할 예정입니다.) 등으로 쓴다.

Lesson 07 색깔 있는 감사의 마음 전하기

Point 1 감사의 표현으로 첫 문장 시작하기
Point 2 마무리에 감사를 전하고 싶다면?
Point 3 감사 인사 후 여운으로 기대감을 남기는 패턴

어느 정도 메일을 주고받아 친해진 사람이나 고객에게서 온 메일이라면 받은 메일의 감사 인사로 첫 문장을 시작할 수도 있다. 이 과에서는 답장에 대한 감사 인사, 고객의 문의에 대한 감사 인사, 구매에 대한 감사 인사 등 다양한 인사말로 메일을 시작하거나 마무리 하는 표현을 알아보자.

送信者 gdhong@mycompany.com

宛先 yamadatarou@yourcompany.com

件名 ご注文のお礼

山田株式会社　営業部
山田太郎様

いつも弊社をご利用いただき、心よりお礼申し上げます。
この度は、弊社の商品をご注文いただきまして、
誠にありがとうございます。
納品日時は、4月12日(水曜)午後を予定しております。
今後ともご愛顧のほど、よろしくお願い申しあげます。

株式会社　韓国商事　営業部
ホン・ギルドン
TEL：82-2-337-3053
FAX：82-2-337-3054

●●● 주문에 대한 감사 인사

항상 저희 회사를 이용해 주셔서 진심으로 감사드립니다. 이번에 저희 회사 상품을 주문해 주셔서 대단히 감사합니다. 납기일시는 4월12일(수요일) 오후로 예정하고 있습니다. 이후에도 관심 어린 애정 부탁드립니다.

Point 1   감사의 표현으로 첫 문장 시작하기

📧 감사 인사는 ~いただき、ありがとうございます로 한다

> お返事いただき、ありがとうございます。
> 답장을 해 주셔서 감사드립니다.

답장에 대한 감사의 마음을 전하는 기본적 표현이다. ~ていただき는 ~てもらい의 공손한 표현으로 ~ていただき 앞에는 감사의 대상이 되는 상대방의 행위를 구체적으로 나타낸다.

> お問い合わせ、ありがとうございました。すぐに対応いたしますので今しばらくお待ちください。
> 문의해 주셔서 감사드립니다. 바로 대응하겠으니 잠시만 기다려 주세요.

고객으로부터 문의를 받고 그에 대한 감사 인사로 메일을 시작하는 문장이다. 뒤에는 もし数日経ちましても連絡が至らない場合、メール障害が考えられますので、その場合は、大変お手数ですが、下記の連絡先まで直接メールをお送りいただきたく、お願いします。(만약 며칠이 지났는데도 연락이 없을 때는 메일 장애를 의심할 수 있으므로 그때는 수고스러우시겠지만 아래 연락처로 직접 메일을 보내 주시길 바랍니다.)로 문장을 마친다.

> 本日はお忙しいところ、お時間を割いていただき、ありがとうございました。
> 오늘은 바쁘신 중에 시간을 내 주셔서 감사드립니다.

'바쁘신데 시간을 내 주셔서 감사드립니다'로 시작한 후 용건을 쓴다.

Words
- 至(いた)る 이르다, 도달하다 • 障害(しょうがい) 장애 • 本日(ほんじつ) 금일, 오늘 • 割(さ)く 나눠주다, 할애하다

Point 2 마무리에 감사를 전하고 싶다면?

 '~에 협력해 주셔서 감사합니다'는 ~にご協力いただき、ありがとうございます

ビジネスメールシチュエーション **1**

情報の収集にご協力いただき、大変ありがとうございます。
정보 수집에 협력해 주셔서 대단히 감사합니다.

 맺음말 문구로 자주 사용되는 표현이다. 大変ありがとうございます는 誠にありがとうございます로 바꿔 말할 수 있다.

ビジネスメールシチュエーション **2**

この度はご契約いただき、まことにありがとうございました。
이번에는 계약을 해 주셔서 진심으로 감사했습니다.

 상대방에게 감사의 인사말을 남기는 표현이다. 마지막에 '재차 감사드립니다'라고 감사의 뜻을 전하고 싶을 때는 もう一度感謝申しあげます라고 하면 된다.

ビジネスメールシチュエーション **3**

わが社の新企画に関するご助言およびご協力に深く感謝しております。
우리 회사의 신기획에 관한 조언과 협력에 깊이 감사드립니다.

 감사 인사로 정중하게 메일을 마무리하는 표현이다.

Words
- 情報(じょうほう) 정보　● 収集(しゅうしゅう) 수집　● この度(たび) 이번　● 契約(けいやく) 계약
- 大変(たいへん) 매우, 대단히　● 助言(じょげん) 조언　● および 및

Point 3 감사 인사 후 여운으로 기대감을 남기는 패턴

 '～을 기대하고 있습니다'는 ～を楽しみにしています

ビジネスメールシチュエーション ❶

6月20日のミーティングでお会いできるのを楽しみにしています。
　　6월 20일 미팅에서 만나 뵐 것을 고대하고 있습니다.

 '기대한다'는 표현으로 끝맺음하는 가장 일반적인 표현이다. '기대하고 있다'에 해당하는 일본어는 楽しみにしています와 期待しています가 있는데, 楽しみにしています는 어떤 일에 대해 즐거운 기분으로 기다리고 있다고 하는 의미를 갖고 期待しています는 어떤 결과나 성과를 기대한다는 의미로 딱딱한 문장에서 주로 사용된다.

ビジネスメールシチュエーション ❷

先日はいろいろお世話になり、ありがとうございました。近いうちにまたご連絡します。
　　지난번에는 여러 가지로 신세진 점 감사드립니다. 가까운 시일에 또 연락드리겠습니다.

 신세진 일에 관한 감사 인사를 먼저하고 가까운 시일에 또 연락드리겠다고 끝맺는 표현이다. ～うちには '～하는 동안에, ～가 끝나기 전에'라는 의미이다.

ビジネスメールシチュエーション ❸

ご購入、ありがとうございました。今後またご用命いただければ幸いです。
　　구입 감사드립니다. 다음에 또 주문해 주시면 행복하겠습니다.

 구입에 대한 감사 인사를 하고 다음을 기약할 때 쓰는 기본 표현이다. 今後ともご愛顧のほど、よろしくお願い申しあげます。(앞으로도 관심과 애정 잘 부탁드립니다.)라고 표현할 수도 있다.

Words
- 楽(たの)しみ 즐거움, 낙
- 用命(ようめい) 분부, 주문
- 幸(さいわ)い 다행, 행복
- 愛顧(あいこ) 애고, 사랑하여 돌봐 줌

In More Depth 한걸음 더

감사를 나타내는 인사말 표현

일상생활에서도 비즈니스에서도 감사 인사말은 아주 중요하다. 평소 도움을 받은 사람이나 항상 신세를 지고 있는 사람에게 감사의 마음을 표현하여 원활한 상호관계를 유지할 수 있도록 하자.

ご協力いただき、ありがとうございます。
협조해 주셔서 감사합니다.

チャンスをいただいたことに、大変感謝しております。
기회를 주신 점 매우 감사하게 생각합니다.

皆様のご支援に厚く感謝申しあげます。
여러분의 지원에 깊이 감사드립니다.

Words
- 皆様(みなさま) 여러분
- 支援(しえん) 지원
- 厚(あつ)い 두텁다

Quiz 이런 경우에는 일본어로 어떻게 표현?

Q1. ＿＿＿＿＿＿、ありがとうございます。
답장을 해 주셔서 감사드립니다.

Q2. 情報の収集にご協力いただき、＿＿＿＿＿ありがとうございます。
정보 수집에 협력해 주셔서 대단히 감사합니다.

Q3. 6月20日のミーティングでお会いできるのを＿＿＿＿＿＿。
6월 20일 미팅에서 만나 뵐 것을 고대하고 있습니다.

Answer
Q1 お返事いただき　Q2 大変　Q3 楽しみにしています

Exercise 한일 번역 도전!

Ex1. 신제품의 납기 메일에 대해 답장해 주셔서 감사드립니다.

Ex2. 앙케트 조사에 협력해 주셔서 정말 고맙게 생각합니다.

Ex3. 귀사와 다시 일할 수 있게 되기를 기대합니다.

Answer

Ex1 '~에 대한 답장을 주셔서 감사드립니다'는 ~に対してお返事いただき、ありがとうございます
新製品の納期のメールに対してお返事いただき、ありがとうございます。
빠른 답장을 해준 데 대한 고마움을 나타낼 때는 早速를 넣어 ~に対して早速お返事いただき、ありがとうございますと고 한다.

Ex2 '정말 고맙습니다'는 誠にありがりがとうございます를 쓴다
アンケート調査にご協力いただき、誠にありがとうございます。
상대방의 협력에 감사드린다고 할 때는 ~にご協力いただき、ありがとうございます。(~에 협력해 주셔서 정말 고맙습니다.)를 써서 표현하다. 뒤에는 '매우 도움이 되었습니다'라는 뜻의 とても役に立ちました 혹은 とても助かりました라는 말을 덧붙여 고마움을 전한다.

Ex3 '기대합니다'는 楽しみにしています를 쓴다
また、貴殿と一緒にお仕事できますことを楽しみにしています。
좋은 여운을 남기며 끝맺음을 할 때는 ~を楽しみにしています를 가장 많이 쓴다.

Lesson 08 미안한 마음 전하기

Point 1 재치 있게 사과하고 싶다면?
Point 2 마지막에 다시 사과해야 한다면?
Point 3 한참 만에 연락할 때 쓰는 테크닉

사과를 할 때는 가벼운 전화보다는 정제된 문장의 메일이 효과적일 수 있다. 이 과에서는 과실이 있었거나 대응이 늦은 데 대한 용서를 구할 때, 오랜만에 보내는 메일이라 죄송하다는 마음을 전할 때 사용하는 사과 표현을 알아보자.

送信者: gdhong@mycompany.com
宛先: yamadatarou@yourcompany.com
件名: 納期遅延のお詫び

山田株式会社　営業部
山田太郎様

いつもご利用いただき、ありがとうございます。
ご注文の商品ですが、納期が遅れておりまして、誠に申し訳ございません。
早急にお送りいたします。

(株)韓国商事　営業部　ホン・ギルドン
 TEL：82-2-337-3053
 FAX：82-2-337-3054

납기 지연 사과

항상 이용해 주셔서 감사드립니다. 주문하신 상품 말입니다만, 납기가 늦어져서 정말 죄송합니다. 신속히 보내드리겠습니다.

Point 1 재치 있게 사과하고 싶다면?

 비즈니스 메일에서 사과할 때는 申し訳ございません

ビジネスメールシチュエーション 1

納期が遅れておりまして誠に申し訳ございません。
납기가 늦어져서 정말 죄송합니다.

 사과할 때 쓰는 일반적인 표현은 すみません이다. 비즈니스 메일에서는 すみません 대신에 申し訳ございません을 쓴다. ○○の件の支払いが遅れており、申し訳ございません。(~건의 지불이 늦어져 죄송합니다.)와 같이 응용할 수 있다.

ビジネスメールシチュエーション 2

プログラムの開発が遅れてしまいましたことをお許しください。
프로그램 개발이 늦어지게 된 점을 용서해 주세요.

 ~てしまいましたことをお許しください。(~해 버린 점을 용서해 주세요.)는 자신의 과실에 대한 용서를 구할 때 쓴다.

ビジネスメールシチュエーション 3

商品のお届けが遅れ、ご迷惑をお掛けしましたことをお詫び申しあげます。
상품의 도착이 늦어져 폐를 끼치게 된 점 사과드립니다.

 거래처나 손님에게 사과할 쓰는 표현이다. 誠に申し訳なく、心よりお詫び申し上げます。(대단히 죄송합니다. 진심으로 사과드립니다.)라고 하면 미안한 마음을 더욱 강하게 전달할 수 있다.

Words
• 納期(のうき) 납기 • 遅(おく)れる 늦다 • 支払(しはら)い 지불 • 届(とど)け 도착

Point 2 마지막에 다시 사과해야 한다면?

'~하지 못해서'는 ~ず로 표현한다

> ビジネスメールシチュエーション ①
>
> どうしても都合がつかず、その日は行けそうにありません。
> 도저히 상황이 안 되서 그 날은 갈 수가 없을 것 같습니다.

 どうしても~ない를 써서 거절하는 이유와 간접적인 사과를 동시에 나타내는 표현이다. 위 문장의 都合がつかず의 ず는 なくて와 같다. 이와 마찬가지로 いくら~しても(아무리 ~해도)를 써서 以前頼まれていた書類の件ですが、いくら探しても見つかりませんでした。(이전에 부탁하신 서류 건입니다만, 아무리 찾아도 찾을 수가 없었습니다.)와 같이 상황을 설명하면서 거절하는 방법도 있다.

> ビジネスメールシチュエーション ②
>
> せっかくのお誘いにお応えできず申し訳ありません。
> 모처럼의 초대에 응하지 못해서 죄송합니다.

 상대방의 제의나 부탁을 거절하면서 사과하는 표현이다. せっかく는 '어떤 목적을 위해 노력을 하거나 다소 무리를 했지만 소용없게 되는 것이 유감·불만이다'라는 기분을 나타낼 때 사용한다. 위 문장은 せっかくのご招待に参加できず申し訳ありません。(모처럼의 초대에 참가하지 못해서 죄송합니다.) 또는 せっかくご招待くださったのに、行くことができず申し訳ありません。(모처럼 초대해 주셨는데 갈 수가 없어서 죄송합니다.)로 바꿔 말할 수 있다.

> ビジネスメールシチュエーション ③
>
> この度の企画の件ですが、ご希望に添えず、まことに申し訳ありませんでした。
> 이번 기획 건 말입니다만, 기대에 미치지 못해서 대단히 죄송했습니다.

 ご~に添えず申し訳ありません을 써서 정중하게 사과하는 표현이다. 添えず는 '기대나 목적에 부합하다'라는 동사 添う의 부정형으로 添えなくて와 같다. 따라서 ご希望に添えず는 상대의 '기대나 목적에 부합하지 못해서'라는 의미를 나타낸다. 希望 대신에 ご期待に添えず(기대에 미치지 못해서), ご要望に添えず(바라는 것에 미치지 못해서)를 쓸 수도 있다.

Words
- 都合(つごう) 상황, 형편 • せっかく 모처럼, 애써 • 期待(きたい) 기대 • 要望(ようぼう) 요망

Point 3   한참 만에 연락할 때 쓰는 테크닉

 '**한동안 연락 못 드렸습니다**'는 長い間ご無沙汰しております

ビジネスメールシチュエーション ①

長い間ご無沙汰しておりますが、お変りありませんか。
한동안 연락 못 드렸는데 별일 없으시죠?

 요즘 근황을 묻고 싶을 때 일반적으로 사용하는 표현이다.

ビジネスメールシチュエーション ②

最後にメールを差し上げたのがもう1年前になりますでしょうか。
마지막으로 메일을 보낸 것이 벌써 1년 전이지요?

 구체적으로 연락을 하지 못한 기간을 언급하면서 의문형으로 시작하는 표현이다. 또 다른 말로는 **もう1年もご連絡差し上げられず、申し訳ありません。**(벌써 1년이나 연락을 드리지 못해서 죄송합니다.)와 같이 표현할 수도 있다.

ビジネスメールシチュエーション ③

東京で最後にお会いしてから、もう2、3年になりますね。
도쿄에서 마지막으로 뵙고 나서 벌써 2, 3년이 되었네요.

 마지막으로 봤던 때를 언급하면서 친근하게 시작하는 표현이다. 위 표현은 **お会いしたのがもう2、3年前になりますね。**(만나 뵌지 벌써 2, 3년 전이 되었네요.)와 같이 쓸 수도 있다.

Words
- 最後(さいご) 마지막 ・差(さ)し上(あ)げる 드리다

In More Depth 한걸음 더

자신의 과실을 인정하고 처리 절차를 알릴 때의 표현

항상 좋은 일로 메일을 보낼 수만은 없다. 자신의 과실을 사과하고 '~하는 대로, ~하면 바로'라는 뜻의 ~次第를 써서 바로 처리하겠다는 메일표현을 배운다.

- ファイルの転送が遅れており申し訳ございません。原因が分かり次第、メールでご連絡申し上げます。
  파일의 전송이 늦어져 죄송합니다. 원인을 알게 되는 대로 메일로 연락드리겠습니다.
- 詳細は分かり次第、メールにてお伝えします。
  상세한 내용은 알게 되는 대로 메일로 알려드리겠습니다.
- 今はまだ明確なお返事はできませんが、5月2日頃にはご連絡します。
  지금은 아직 명확한 연락은 할 수 없습니다만, 5월 2일 쯤에는 연락드리겠습니다.

 이런 경우에는 일본어로 어떻게 표현?

Q1. 納期が遅れておりまして _____ 申し訳ございません。
납기가 늦어져서 진심으로 죄송합니다.

Q2. _____ 都合がつかず、その日は行けそうにありません。
도저히 상황이 안 되서 그 날은 갈 수가 없을 것 같습니다.

Q3. _____ 間ご無沙汰しておりますが、_____ 。
한동안 연락을 못 드렸는데 별일 없으시죠?

Answer
Q1 誠に Q2 どうしても Q3 長い, お変りありませんか

Exercise 한일 번역 도전!

Ex1. 모처럼 전시회에 초대해 주셨는데 참석할 수 없어서 죄송합니다.

Ex2. 문제해결책 마련이 늦어져서 대단히 죄송했습니다.

Ex3. 이전에 일로 함께하고 나서 벌써 2년이 되었네요. 어떻게 지내세요?

Answer

Ex1 申し訳ありません을 사용한 다양한 사과 방법
せっかく展示会にご招待くださったのに参加できず、申し訳ありません。
앞부분에 부드럽게 거절하면서 申し訳ありません이라고 사과하는 표현을 덧붙인다.

Ex2 '대단히 죄송했습니다'는 大変申し訳ありませんでした
問題解決の対策が遅れて大変申し訳ありませんでした。
大変申し訳ありませんでした를 써서 사과의 마음을 강하게 전달한다. ご迷惑(폐)나 ご不便(불편)을 넣은 ご不便をお掛けしたことをお詫び申し上げます。(불편을 끼쳐드린 점 사과드립니다.)도 강하고 좋은 사과 인사에 속한다.

Ex3 '어떻게 지내세요?'는 いかがお過ごしですか
以前お仕事でご一緒してから、もう2年になりますね。いかがお過ごしですか。
마지막으로 만난 때를 상기시키면서 시작하는 표현이다. 뒤에는 お変りありませんか？(별일 없으세요?)를 덧붙여도 좋다.

日本語
ビジネスeメール
10분 투자로 메일의 달인 되는법

메일의 장점 중 하나가 중요한 내용이나 긴 문장을 첨부파일로 보낼 수 있다는 점이다. Part3에서는 메일에 파일을 첨부할 때, 정보나 자료를 보낼 때, 물품을 보낼 때 등 메일의 마지막에 자주 쓰이는 패턴에 대해 알아본다.

자료첨부 및 맺음말편 Part 3

- Lesson 09 메일에 파일 첨부하기
- Lesson 10 정보나 자료에 관한 메일 쓰기
- Lesson 11 물품 등을 보내고 받을 때 메일 쓰기
- Lesson 12 깔끔하게 마무리하기

Lesson 09 메일에 파일 첨부하기

Point 1 첨부 파일에 대한 표현 덧붙이기
Point 2 메일을 잘못 보냈다면 어떻게 해야 돼?
Point 3 압축 파일에 대한 표현 패턴

첨부 파일을 보낼 때는 파일을 첨부했다는 사실과 첨부 파일에 관한 간략한 내용 설명을 덧붙이는 것이 좋다. 파일의 이름도 한눈에 알기 쉬운 짧은 문구가 좋다. 이 과에서는 첨부 파일에 관한 언급 및 파일을 첨부하지 않고 실수로 보낸 경우 등에 쓰는 표현을 알아보자.

送信者 : gdhong@mycompany.com
宛先 : yamadatarou@yourcompany.com
件名 : 新製品の件

山田株式会社　営業部
山田太郎様

いつも大変お世話になっております。
新製品が出ましたので、参考までにファイルを添付いたしました。
お問い合わせなどございましたら、いつでもご連絡ください。

(株)韓国商事　営業部　ホン・ギルドン
TEL：82-2-337-3053
FAX：82-2-337-3054

••• 신제품 건

항상 신세 많이 지고 있습니다. 신제품이 나와서 참고로 파일을 첨부합니다.
문의사항이 있으면 언제라도 연락 주세요.

Point 1   첨부 파일에 대한 표현 덧붙이기

 '~을 첨부했습니다'는 ~を添付いたしました

ビジネスメールシチュエーション **1**

契約書のファイルを一部添付いたしました。
계약서 파일을 1부 첨부했습니다.

 메일에 파일을 첨부할 때 쓴다. '~을 첨부합니다'는 ~を添付します로 정중하게는 ~を添付いたします라고 한다. 과거는 ~を添付しました, ~を添付いたしました라고 한다.

ビジネスメールシチュエーション **2**

添付しましたのは、わが社の最新版の商品カタログです。
첨부한 것은 우리 회사의 최신판 상품 카탈로그입니다.

 첨부한 파일에 대한 설명을 할 때 쓴다. '~한 것은'은 ~しましたのは라고 한다. 위 표현은 'わが社の最新版の商品カタログです。添付ファイルをご覧ください。(우리 회사의 최신판 상품 카탈로그입니다. 첨부 파일을 봐 주세요.)'라고 파일에 관한 언급을 뒤에 할 수도 있다.

ビジネスメールシチュエーション **3**

先日ご依頼のあったファイルですが、ご参考までにこのメールに添付します。
저번에 의뢰하신 파일 말입니다만, 참고로 이 메일에 첨부합니다.

 의뢰 받은 파일을 보낼 때 쓴다. '참고로'라는 뜻의 参考までに를 빼고 このメールに添付します라고만 써도 된다.

Words
- 契約書(けいやくしょ) 계약서 • 一部(いちぶ) 1부 • わが社(しゃ) 저희 회사 • 最新版(さいしんばん) 최신판
- 商品(しょうひん)カタログ 상품 카탈로그 • ご覧(らん) 보심, '보다'의 존경어 • 先日(せんじつ) 요전 날
- 依頼(いらい) 의뢰 • 参考(さんこう) 참고

Point 2 메일을 잘못 보냈다면 어떻게 해야 돼?

'잘못 보냈습니다'는 間違いでした

ビジネスメールシチュエーション ❶

先ほどお送りしたメールは間違いでした。削除していただけますか。
좀 전에 보낸 메일은 실수였습니다. 삭제해 주시겠습니까?

 메일을 잘못 보냈을 때 쓰는 표현이다. '삭제해 주시겠습니까?'라는 뜻의 削除していただけますかは削除お願いいたします 또는 더 정중하게 削除していただいてよろしいですか라고 바꿔 말할 수 있다.

ビジネスメールシチュエーション ❷

ファイルを添付せずに送ってしまいました。再送します。
파일을 첨부하지 않고 보내버렸습니다. 다시 보냅니다.

 파일 첨부를 하기 전에 실수로 발송 버튼을 눌러버린 경우에 쓴다. ~てしまう는 어떤 동작을 부주의나 고의로 '~해 버리다'라는 뜻으로 쓴다.

ビジネスメールシチュエーション ❸

先ほどのメールで送ったファイルは間違いです。このメールに添付してあるファイルを使ってください。
바로 전 메일로 보낸 파일은 잘못된 것입니다. 이 메일에 첨부한 파일을 보세요.

 바로 직전 메일의 첨부 파일이 잘못된 경우에 쓴다. '직전의 메일'은 先ほど送ったメール 혹은 先ほどお送りしたメール로 바꿔 쓸 수 있다.

Words
- 先(さき)ほど 조금 전 • 間違(まちが)い 틀림, 잘못 됨 • 削除(さくじょ)する 삭제하다 • 再送(さいそう)する 다시 보내다

Point 3　　압축 파일에 대한 표현 패턴

 '~로 압축을 푼다'는 ~で解凍する

ビジネスメールシチュエーション

1
添付いたしました契約書のファイルはWinZipで解凍できるはずです。
　　첨부한 계약서 파일은 WinZip으로 압축을 풀 수 있을 것입니다.

 '압축하다'는 圧縮する를, '압축을 풀다'는 얼린 것을 녹인다는 의미의 '해동하다'라는 단어를 써서 解凍する라고 한다. 따라서 '압축된 파일을 풀다'라는 말은 圧縮されたファイルを解凍する라고 한다. 위 문장의 끝에 よろしくお願いします。(잘 부탁드립니다.)를 덧붙이면 더욱 친절한 인상을 줄 수 있다.

ビジネスメールシチュエーション

2
送っていただいたデータファイルが解凍できません。圧縮フォーマットは何ですか。
　　보내온 데이터 파일의 압축이 풀리지 않습니다. 압축 프로그램이 무엇인가요?

 상대방이 보낸 파일의 압축 프로그램을 묻는 질문이다. '압축 프로그램'은 圧縮フォーマット 혹은 圧縮プログラム라고 한다. 何ですか보다 정중하게 하고 싶을 때는 何でしょうか를 쓰면 된다.

ビジネスメールシチュエーション

3
お送りしたファイルがもしうまく解凍できないようでしたら、すぐに再送しますので、ご連絡ください。
　　보내드린 파일이 만약 압축이 잘 풀리지 않는다면, 바로 다시 보내드릴 테니 연락 주세요.

 자신이 압축해서 보낸 파일이 열리지 않을 것을 대비하여 쓸 수 있는 표현이다. '만약 ~이라면, ~할 테니 ~해 주세요'라는 표현은 もし~ようでしたら、~しますので~ください로 일상회화에서도 자주 사용되는 표현이다.

Words
- 解凍(かいとう)する 해동하다, 압축을 풀다 ・添付(てんぷ)する 첨부하다 ・契約書(けいやくしょ) 계약서
- ~はずです 일 것입니다 ・よろしくお願(ねが)いします 잘 부탁드립니다 ・送(おく)る 보내다
- ~ていただく ~해 받다 ・フォーマット 포맷 ・再送(さいそう)する 다시 보내다 ・連絡(れんらく)する 연락하다

In More Depth 한걸음 더

내가 메일을 잘못 보낸 경우도 있겠지만, 내 앞으로 다른 사람의 메일이 잘못 도착하는 경우도 있다. 그 메일의 내용이 단순한 인사말이라면 그냥 스쳐 지나갈 수도 있겠지만 중요한 내용으로 판단된다면 상대방에게 잘못 보낸 사실을 알려야 할 때도 있을 것이다. 이럴 경우에는 아래와 같은 표현을 쓴다.

- メールが間違って送られてきました。ご確認お願いします。
  메일이 잘못 왔습니다. 확인 부탁드립니다.
- ファイルが間違って転送されてきたと思われますので、ご連絡いたします。
  파일이 잘못 전송되었다고 생각되어서 연락드립니다.

Words
- 間違(まちが)う 잘못되다, 틀리다 ● 転送(てんそう) 전송

Quiz 이런 경우에는 일본어로 어떻게 표현?

Q1. 契約書のファイルを一部 ＿＿＿＿＿＿＿＿＿。
계약서 파일을 1부 첨부했습니다.

Q2. 先ほどお送りしたメールは ＿＿＿＿＿＿＿＿＿。削除していただけますか。
좀 전에 보낸 메일은 실수였습니다. 삭제해 주시겠습니까?

Q3. 添付いたしました契約書のファイルはWinZipで ＿＿＿＿＿＿＿＿＿できるはずです。
첨부한 계약서 파일은 WinZip으로 압축을 풀 수 있을 것입니다.

Answer
Q1 添付いたしました Q2 間違いでした Q3 解凍

Exercise 한일 번역 도전!

Ex1. 최신판 상품 카탈로그를 첨부했습니다.

Ex2. 죄송합니다. 출석자명부를 잘못 보내고 말았습니다. 재전송합니다.

Ex3. 어제 메일로 보내드린 견적서가 만약 압축이 잘 풀리지 않으면 바로 다시 보내드릴 테니 연락 주세요.

Answer

Ex1 '첨부했습니다'는 添付いたしました
最新版の商品カタログを添付いたしました。
　'첨부했습니다'는 添付しました 또는 정중하게 添付いたしました라고 쓴다.

Ex2 '잘못 전송하고 말았습니다'는 間違って送ってしまいました
すみません。出席者名簿を間違って送ってしまいました。再送します。
　첨부파일을 실수로 잘못 보낸 경우에 쓸 수 있는 표현이다.

Ex3 '압축을 푼다'고 할 때는 解凍를 쓴다
昨日メールでお送りした見積書がもしうまく解凍できないようでしたら、すぐに再送しますので、ご連絡ください。
　もし解凍できないようでしたら~의 표현이다. '바로'는 直ちに를 써도 된다.

Lesson 10 정보나 자료에 관한 메일 쓰기

Point 1 정보나 자료를 보낼 때 패턴
Point 2 부드럽게 거절하고 싶을 때 패턴
Point 3 추후에 따로 다시 보낼 때 패턴

업무상 사용하는 메일은 각종 정보나 자료에 관련된 내용이 많다. 이 과에서는 상대방으로부터 정보나 자료를 요청받았을 때, 요청을 거절하고 싶을 때, 나중에 따로 보내고 싶을 때의 표현을 알아보자.

送信者 gdhong@mycompany.com

宛先 yamadatarou@yourcompany.com

件名 要求された資料

山田株式会社　営業部
山田太郎様

いつもお世話になっております。
昨日お求めになった価格表を添付してお送りいたします。
ご参考ください。

㈱韓国商事　営業部　ホン・ギルドン
TEL：82-2-337-3053
FAX：82-2-337-3054

●●● 요청하신 자료

항상 신세 지고 있습니다. 어제 요구하신 가격표를 파일로 첨부해서 보내드립니다.
참고하세요.

Point 1 정보나 자료를 보낼 때 패턴

 '요구하신'은 お求めになった

ビジネスメールシチュエーション 1

昨日お求めになった**価格表**を添付してお送りいたします。
어제 요구하신 **가격표**를 첨부해서 보내드립니다.

 상대방이 요청한 것을 보낼 때는 お求めになった〜로 표현한다. お求め 앞에 ○月○日にお求めになった〜와 같이 구체적인 날짜 정보를 언급하면 더욱 확실하다.

ビジネスメールシチュエーション 2

ご要望のありました契約書の写しですが、**本メールに添付いたします。**
요구하신 계약서의 복사본 말인데요, **본 메일에 첨부해드립니다.**

 요구받은 정보를 첨부파일로 보낼 때 쓸 수 있는 표현이다. '메일을 보낸다'는 メールを送る, メールをする라는 표현을 쓰고 '파일을 첨부하다'는 ファイルを添付する, 그 파일을 첨부하여 보낼 때, 즉 '파일을 송부하다'는 ファイルを送付する로 표현한다.

ビジネスメールシチュエーション 3

商品に関してのお問い合わせですが、**直ちに資料をお送りいたします。**
상품에 관한 문의 말입니다만, **즉시 자료를 보내드리겠습니다.**

 '자료를 즉시 보낸다'는 표현은 直ちに資料をお送りいたします를 쓴다. 直ちに는 '곧, 즉각, 즉시'라는 뜻이다. 주문의 경우 直ちに発送いたします。(즉시 발송하겠습니다.)를 쓴다.

Words
- 求(もと)める 요구하다, 청하다 ・添付(てんぷ) 첨부 ・送付(そうふ) 송부 ・直(ただ)ちに 곧, 즉각, 즉시

Point 2   부드럽게 거절하고 싶을 때 패턴

 부드럽게 거절하고 싶을 때는 申し訳ございませんが로 시작한다

ビジネスメールシチュエーション 1

申し訳ございませんが、その件に関してはお知らせできません。
  죄송합니다만, 그 건에 관해서는 알려드릴 수 없습니다.

 申し訳ございませんが~できません。(죄송합니다만, ~할 수 없습니다.)는 상대방의 요구를 부드럽게 거절할 때 쓴다. '정말 죄송합니다만'이라고 말하고 싶을 때는 앞에 誠に를 넣어 誠に申し訳ございませんが~라고 한다. ~に関しては는 ~につきましては로도 바꿔 쓸 수 있다.

ビジネスメールシチュエーション 2

お役に立ちたいのは山々なのですが、今回は難しいと思います。ご了承ください。
  도움이 되어드리고 싶은 마음은 굴뚝같지만, 이번에는 어렵겠습니다. 양해해 주세요.

 ~たいのは山々だ는 '~(하)고 싶은 마음은 굴뚝같다'로, 관용적 표현을 사용하여 부드럽게 거절하는 표현이다.

ビジネスメールシチュエーション 3

しかしながら、誠に不本意ではございますが、今回のご注文はお受けすることができません。
  그렇지만 정말 본의 아니게 이번 주문은 받을 수가 없습니다.

 しかしながら(그렇지만)는 しかし(그러나, 그런데)의 뜻으로 보통 축사나 편지, 광고문 등과 같이 문장체적인 완곡한 표현으로 쓴다. 보통 しかしながらご要望にお応えすることができません。(그렇지만 요구에 응할 수가 없습니다.)와 같이 쓴다.

Words
- 誠(まこと)に 정말로, 대단히   • 役(やく)に立(た)つ 도움이 되다   • 了承(りょうしょう) 양해, 납득

Point 3 추후에 따로 다시 보낼 때 패턴

 '별도의 메일'은 別便

> ビジネスメールシチュエーション ①
>
> ファイルをこのメールに添付し、明日別便にて送ります。
> 파일을 이 메일에 첨부하고, 내일 별도로 다시 보내겠습니다.

'별도의 메일'은 別便이다. ~にて는 '~로'라는 뜻으로 동작의 수단이나 재료를 가리키는 말이다. '나중에 보내겠습니다'는 後程お送りいたします, '오늘 중에 보내겠습니다'는 本日中にお送りいたします가 된다.

> ビジネスメールシチュエーション ②
>
> 今は取り急ぎ価額表だけとし、残りの書類は追って送ります。
> 지금은 급한 대로 가격표만 보내고, 나머지 서류는 나중에 보내겠습니다.

'나중에 보내겠습니다'란 표현은 追って送ります를 쓴다. 追って는 부사로 '가까운 시일에, 잠시 후, 나중에'라는 의미를 가진다.

> ビジネスメールシチュエーション ③
>
> お問い合わせの件ですが、ご入金いただければ、すぐお送りできます。
> 문의 건 말입니다만, 입금해 주시면 바로 보내겠습니다.

'~해 주시면 ~할 수 있겠습니다'는 ~ていただければ、~できます로 먼저 상대방에게 조건을 제시한 후 그 조건이 만족되면 행동하겠다고 말할 때 쓰는 표현이다.

Words
- 別便(べつびん) 별편
- 本日(ほんじつ) 금일, 오늘
- 取(と)り急(いそ)ぎ 급한 대로
- 追(お)って 추후에, 머지않아, 곧

In More Depth 한걸음 더

다른 적임자를 소개할 때의 표현

상대방이 요청한 정보나 자료가 자기 선에서 해결할 수 없는 내용일 때는 적당한 적임자를 소개해 주는 것이 좋다. 여기서는 적임자를 소개할 때, 적임자 소개를 요청할 때의 표현을 알아보자.

- ご質問の件ですが、私より山田さんが適任だと思いますので、山田さんに頼んでおきました。
  질문하신 건 말입니다만, 저보다 야마다 씨가 적임자인 것 같아서 야마다 씨에게 부탁해 두었습니다.
- ご質問の件ですが、私より山田さんが詳しいと思いますので、その方をご紹介します。
  질문하신 건 말입니다만, 저보다 야마다 씨가 잘 알 것 같으니 그분을 소개하겠습니다.
- 他に適任と思われる方がいらっしゃいましたらご紹介いただけませんか。
  따로 적임자라고 생각하는 분이 계시다면 소개해 주시지 않겠습니까?

Words
- 適任(てきにん) 적임
- 詳(くわ)しい 상세하다, 정통하다, 훤하다

Quiz 이런 경우에는 일본어로 어떻게 표현?

Q1. 昨日お求めになった価格表を _____ お送りいたします。
어제 요구하신 가격표를 첨부해서 보내드립니다.

Q2. _____ 、その件に関してはお知らせできません。
죄송합니다만, 그 건에 관해서는 알려드릴 수 없습니다.

Q3. ファイルをこのメールに添付し、明日 _____ 送ります。
파일을 이 메일에 첨부하고, 내일 별도로 다시 보내드리겠습니다.

Answer
Q1 添付して   Q2 申し訳ございませんが   Q3 別便にて

Exercise 한일 번역 도전!

Ex1. 귀하가 어제 메일로 주문하신 냉장고는 오늘 발송해드리겠습니다.

Ex2. 상품에 관한 문의 건 말입니다만, 금일 중으로 자료를 보내드리겠습니다.

Ex3. 지금은 급한 대로 수중의 자료만 보내고, 나머지 자료는 나중에 보내겠습니다.

Answer

Ex1 물품을 발송할 때는 発送를 쓴다
貴殿が昨日メールで注文された冷蔵庫は、本日、発送いたします。
　本日는 今日와 같은 말로 本日も当店をご利用いただきまして、誠にありがとうございます。(오늘도 당점을 이용해 주셔서 진심으로 감사드립니다.)와 같이 정중한 느낌으로 쓴다.

Ex2 '~에 관한 문의 건 말입니다만'은 ~に関してのお問い合わせの件ですが
商品に関してのお問い合わせの件ですが、本日中に資料をお送りいたします。
　~に関してのお問い合わせの件ですが를 써서 '~에 관한 문의 건 말입니다만'을 표현한다. '오늘 중으로'는 本日中に 또는 今日中に를 써도 된다.

Ex3 별도로 자료를 보낼 때 '나중에 보내겠습니다'는 追って送ります
今は取り急ぎ手元にある資料だけとし、残りの資料は追って送ります。
　만약 '~은 다음에 메일로 보내겠습니다'라고 말하고 싶을 때는 ~は追ってメールで送ります를 쓴다. 정확한 날짜를 언급할 때는 ~は一週間後にお送りいたします。(~은 1주일 후에 보내겠습니다.)라고 한다.

Lesson 11 　물품 등을 보내고 받을 때 메일 쓰기

Point 1 　보내는 곳을 확인할 때 패턴
Point 2 　수신을 확인할 때 패턴
Point 3 　보내는 목적을 확인할 때 패턴

물품 등을 발송할 때는 먼저 보낼 곳과 전화번호를 메일로 정확하게 확인하는 것이 좋다. 이미 보낼 곳을 알고 있다고 하더라도 재차 확인한다면 물품이 잘못 발송되어 생기는 수고를 덜 수 있을 것이다. 이 과에서는 물품의 송수신에 관련된 표현을 알아보자.

送信者 : gdhong@mycompany.com

宛先 : yamadatarou@yourcompany.com

件名 : ご注文の件

山田株式会社　営業部
山田太郎様

ご注文ありがとうございます。
頼まれていた商品ですが、今日中に発送できます。
送付先と電話番号をお知らせください。
よろしくお願いします。

㈱韓国商事　営業部　ホン・ギルドン
TEL：82-2-337-3053
FAX：82-2-337-3054

●●● 주문 건

주문 감사드립니다. 부탁하신 상품 말입니다만, 오늘 중으로 발송 가능합니다. 보낼 곳과 전화번호를 알려 주세요. 잘 부탁드립니다.

Point 1 　보내는 곳을 확인할 때 패턴

'받으실 곳'은 送付先 or 送り先

ビジネスメールシチュエーション

頼まれていた書類ですが、今日中に発送できます。送付先と電話番号をお知らせください。

> 부탁하신 서류 말입니다만, 오늘 중으로 발송 가능합니다. 보낼 곳과 전화번호를 알려 주세요.

받으실 곳, 즉 보내야 하는 곳의 주소를 확인하는 표현이다. お知らせください는 教えてください。(알려 주세요.)로 바꿔 써도 된다. 위 문장은 契約金、今日中に入金します。口座番号をお知らせください。(계약금, 오늘 중으로 입금 가능합니다. 계좌번호를 알려 주세요.)와 같이 응용 가능한데, 契約金 대신 約束のお金, 商品の代金 등으로 바꾸면 다양한 표현을 만들 수 있다.

ビジネスメールシチュエーション

サンプルを送る必要がありますので、送り先をできるだけ早くお知らせください。

> 샘플을 보낼 필요가 있으므로 받으실 곳을 가능하면 빨리 알려 주세요.

급하게 보낼 곳을 확인하고 싶을 때 쓰는 표현이다. 재촉한다는 인상을 피하고 싶을 때는 山田さんと連絡を取りたいですが、送り先をご存じでしたら、教えてくださいませんか。(야마다 씨와 연락을 하고 싶은데 발송처를 알고 계시다면 알려 주시겠어요?)와 같이 질문 형식을 쓴다.

ビジネスメールシチュエーション

どちらにお送りすればよいですか。

> 어디로 보내면 됩니까?

상대방의 주소를 모를 때 쓸 수 있는 표현이다. 또는 送り先をお教えください。(보낼 곳을 알려 주세요.)라고 해도 된다. 만약 메일 주소를 알려 줘야 하는 경우라면 下記のアドレスに送ればよいですか。(아래의 주소로 보내면 됩니까?)라고 한다.

Words
- 頼(たの)む 부탁하다 ・送付先(そうふさき) 송부처, 발송처 ・送(おく)り先(さき) 보내는 곳 ・契約金(けいやくきん) 계약금
- 口座番号(こうざばんごう) 계좌번호

Point 2 수신을 확인할 때 패턴

 '메일 받았습니다'는 メール、受け取りました

ビジネスメールシチュエーション ①

メール、受け取りました。ありがとうございました。
메일 잘 받았습니다. 감사드립니다.

 수신을 확인하는 일반적인 표현이다. '메일을 받았습니다'는 メール受け取りました를 쓴다. 만약 받은 것이 소포라면 小包み届きました를 쓴다.

ビジネスメールシチュエーション ②

メール、今朝受け取りましたので、お知らせいたします。
메일을 오늘 아침에 받았기에 알려드립니다.

 수신 시간을 언급하면서 알리는 표현이다.

ビジネスメールシチュエーション ③

お送りいただいた資料が本日到着しました。
보내 주신 자료가 오늘 도착했습니다.

 물건의 도착을 알리는 표현이다. 確かに(확실히)를 넣어 '확실히 도착했습니다'라고 명확하게 알리는 것도 좋다. 到着 대신 着荷를 써서 確かに着荷いたしました라고 할 수 있다.

Words
- 受(う)け取(と)る 받다 ・ 小包(こづつみ) 소포 ・ 届(とど)く 닿다, 도달하다 ・ 今朝(けさ) 오늘 아침
- 到着(とうちゃく)する 도착하다 ・ 確(たし)かに 확실히, 분명히 ・ 着荷(ちゃっか・ちゃくに) 착하, 운송한 화물이 도착함

Point 3 보내는 목적을 확인할 때 패턴

 '**참고로**'는 ご参考までに

ビジネスメールシチュエーション ①

ご参考までに、パンフレットをお送りいたします。
참고로 팸플릿을 보내드립니다.

✉ 가볍게 보내는 목적을 알릴 때 쓰는 표현이다. **参考までに**는 말 그대로 중요한 내용은 아니지만 도움이 되라고 일단 보낸다는 것을 의미한다.

ビジネスメールシチュエーション ②

我々のプロジェクト報告書を参考情報として添付いたします。
우리의 프로젝트 보고서를 참고 정보로 첨부해드립니다.

✉ 참고로 정보를 보낼 때 쓰는 표현이다. 〜としては '〜의 자격으로서, 〜로서, 〜의 입장'이라는 뜻을 가지고 있다.

ビジネスメールシチュエーション ③

明日の会議のために必要な見積書をお送りいたします。
내일 회의를 위해 필요한 견적서를 보내드립니다.

✉ 보내는 목적을 정확하게 전달하는 표현이다. 위 문장은 **見積もりのためのデータをお送りいたします。**(견적을 위해 데이터를 보내드립니다.)와 같이 응용할 수 있다.

Words
- **参考**(さんこう) 참고 • **報告書**(ほうこくしょ) 보고서 • **必要**(ひつよう) 필요 • **会議**(かいぎ) 회의
- **見積書**(みつもりしょ) 견적서

In More Depth 한걸음 더

메일 제목 달기

메일 제목은 件名 란에 대부분 ～の件이라고 간략하게 쓰며, '～'부분에는 메일의 목적을 알린다. 특히 중요한 메일일 경우에는 메일 제목 앞에【重要】를, 긴급한 메일일 경우에는【緊急】를 넣는다.

- 件名 – 打ち合わせの件　⇒　미팅 건
- 件名 –【重要】価格変更の通知　⇒　【중요】가격변경 통지
- 件名 –【緊急】資料添付の通知　⇒　【긴급】자료첨부 통지

Words
- 件名(けんめい) 메일 제목 ● 重要(じゅうよう) 중요 ● 緊急(きんきゅう) 긴급 ● 打(う)ち合(あ)わせ 미팅
- 価格変更(かかくへんこう) 가격변경 ● 通知(つうち) 통지 ● 資料(しりょう) 자료 ● 添付(てんぷ) 첨부

Quiz 이런 경우에는 일본어로 어떻게 표현?

Q1. 頼まれていた書類ですが、今日中に発送できます。 ▆▆▆▆▆ と電話番号をお知らせください。
　　　부탁하신 서류 말입니다만, 오늘 중으로 발송 가능합니다. 받으실 곳과 전화번호를 알려 주세요.

Q2. メール、▆▆▆▆▆▆▆▆▆。ありがとうございました。
　　　메일 잘 받았습니다. 감사드립니다.

Q3. ▆▆▆▆▆▆▆▆、パンフレットをお送りいたします。
　　　참고로 팸플릿을 보내드립니다.

Answer
Q1 送付先　Q2 受け取りました　Q3 ご参考までに

Exercise 한일 번역 도전!

Ex1. 문의 감사드립니다. 다음 이벤트의 자세한 팸플릿 등을 발송해드리고 싶은데 받으실 곳과 전화번호를 메일로 보내 주세요.

Ex2. 부탁하신 부품이 도착했습니다. 명함에 쓰인 주소로 보내면 될까요?

Ex3. 주문한 상품이 무사히 도착해서 알려드립니다.

Answer

Ex1 '알려 주세요'는 お知らせてください

お問い合わせ、ありがとうございます。次回のイベントの詳しいパンフレットなどをお送りいたしますので、送付先と電話番号を、メールでお知らせください。

'알려 주세요'는 お知らせてください라는 표현을 쓴다. '이 메일의 답신 메일로'는 このメールの返信で를 쓴다.

Ex2 보내는 곳을 재차 확인하는 표현

頼まれていた部品が届きました。名刺に書いてあるご住所にお送りすればよいですか。

이미 보내는 곳을 알고 있을 때는 ~にお送りすればよいですか로 표현한다.

Ex3 상품을 받았을 때는 '도착했다'는 사실을 알린다

注文していた商品が無事届きましたのでお知らせいたします。

'무사히'는 無事를 쓰고 '도착했습니다'는 届きました를 쓴다. '도착하다'는 届く, 到着する, 着荷する 등으로 쓸 수 있다.

Lesson 12 깔끔하게 마무리하기

Point 1 LTE급 빠른 답장 받는 법
Point 2 내용을 에둘러 재확인하는 법
Point 3 협조를 부탁하는 표현의 한 수

메일을 마무리할 때 답장을 재촉하는 내용, 메일의 내용이 길어진 데 대한 사과 등을 언급하면서 마무리 할 수 있다. 물론 우리나라처럼 일본어 메일도 '잘 부탁드립니다'로 끝맺는 경우가 많은데. 이 과에서는 이런 메일 마지막에 쓸 수 있는 인사말을 알아보자.

送信者: gdhong@mycompany.com

宛先: yamadatarou@yourcompany.com

件名: 「液晶テレビ」の件

山田株式会社　営業部
山田太郎様

7月4日付で発注いたしました「液晶テレビ」の件ですが、
納期をすでに1週間過ぎておりますが、
まだ商品が納入されておりません。
本日中にご連絡くださいますようお願い申し上げます。

(株)韓国商事　営業部　ホン・ギルドン
TEL：82-2-337-3053
FAX：82-2-337-3054

●●● 액정텔레비전 건

7월 4일자로 발주한 액정텔레비전 건 말입니다만, 납기를 이미 1주일 넘겼는데도, 아직 상품이 납입되지 않았습니다. 바쁘신 줄 알지만, 오늘 중으로 연락 주셨으면 합니다.

Point 1   LTE급 빠른 답장 받는 법

'답장을 기다리겠습니다'는 お返事をお待ちしております

ビジネスメールシチュエーション **1**

> 3月7日付けの問い合わせに対してのお返事をいただきたくお願い申し上げます。
> 3월 7일자 문의에 대한 답장을 부탁드립니다.

 빠른 답장을 기대할 때 쓰는 표현이다. 날짜를 언급하여 어떤 건에 대한 내용인지 확실하게 전달한다. 답장을 재촉하는 내용으로는 お返事をお待ちしております。(답장을 기다립니다.)만 써도 된다.

ビジネスメールシチュエーション **2**

> 新商品開発の件ですが、それについて早急にメールでお知らせください。
> 신상품 개발 건 말입니다만, 그에 대해 즉시 메일로 알려 주세요.

 빠른 답장을 재촉할 때 쓰는 표현이다. 또는 早急にご送付いただければと存じます。(즉시 송부해 주시면 좋겠습니다.)라고 쓴다. 早急에 보다 한층 급하게 재촉할 때는 大至急를 쓴다. アンケート調査の件ですが、大至急、折り返しメールで返事をください。(앙케트 건 말입니다만, 급히 서둘러 받자마자 메일로 답해 주세요.)와 같이 써서 절박한 느낌을 주면서 재촉할 수도 있다.

ビジネスメールシチュエーション **3**

> 何かとご多忙とは存じますが、本日中に遅延の事情と納品予定日をご連絡くださいますようお願い申し上げます。
> 여러 가지로 바쁘신 줄은 알지만 오늘 중으로 지연된 사정과 납기 예정일을 연락해 주시길 부탁드립니다.

 최대한 예의를 갖춰서 재촉하는 표현이다. 何かとご多忙とは存じますが는 お忙しい中、お手数をおかけしますが(바쁘신 와중에 수고스럽겠지만)라고 해도 된다.

Words
- 開発(かいはつ) 개발 • 早急(そうきゅう) 몹시 급함 • 存(ぞん)じる 알다(知る), 생각하다(思う)의 겸양어
- 大至急(だいしきゅう) 몹시 급함 • 折(お)り返(かえ)し 받은 즉시 곧 • 何(なに)かと 이것저것, 여러 가지로
- 遅延(ちえん) 지연 • 事情(じじょう) 사정 • 納期(のうき) 납기 • 予定日(よていび) 예정일

Point 2   내용을 에둘러 재확인하는 법

 '바로 ~해 주시면 고맙겠습니다'는 すぐに~していただけると助かります

ビジネスメールシチュエーション ①

先日お願いしたプログラムの件ですが、すぐにメールしていただけると助かります。
지난번에 부탁한 프로그램 건 말입니다만, 바로 메일로 보내 주시면 고맙겠습니다.

 의뢰한 내용을 재확인시키면서 재촉하는 표현이다. 助かる에는 '(부담, 노력, 고통 등이 덜리어) 도움이 되다, 편해지다'라는 뜻이 있어, 직역하면 '바로 메일로 보내 주시면 도움이 되겠습니다'이다.

ビジネスメールシチュエーション ②

今回のバザーにご協力いただけるものと前もってお礼申し上げます。
이번 바자에 협력해 주시리라 믿고 미리 인사드립니다.

 의뢰할 때 쓰는 표현으로 상대와 자신의 상하관계를 고려하지 않으면 강요한다는 느낌을 줄 수도 있으므로 주의해서 써야한다. 다른 표현으로는 ご協力いただけるものと確信しています。(협력해 주시리라고 확신하고 있습니다.) 또는 ご協力に対し、あらかじめお礼を申し上げます。(협력에 대해 미리 인사를 드립니다.)와 같이 표현할 수도 있다.

ビジネスメールシチュエーション ③

来週の山田先生の送迎の件ですが、貴殿の好意的なご配慮に感謝申し上げます。
다음 주 야마다 선생님의 송영 건 말입니다만, 귀하의 호의적인 배려에 감사드립니다.

 상대편의 배려에 대한 감사인사를 하면서 의뢰한 내용을 재확인하는 표현이다.

Words
- 助(たす)かる 도움이 되다 ・送迎(そうげい) 보내고 맞이함 ・貴殿(きでん) 귀하 ・好意的(こういてき) 호의적인
- 配慮(はいりょ) 배려

Point 3   협조를 부탁하는 표현의 한 수

 '**주저하지 마시고 메일 주세요**'는 ご遠慮なくメールをください

ビジネスメールシチュエーション ①

> これについてご質問のある場合は、ご遠慮なくメールをください。
> 이에 대한 질문이 있을 때는 주저하지 마시고 메일 주세요.

 '주저하지 마시고 메일 주세요'는 ご遠慮なくメールをください로 いつでもメールください。(언제라도 메일 주세요.)와 함께 자주 쓰는 표현이다. メール 대신에 連絡, 電話 등 얼마든지 응용 가능하다.

ビジネスメールシチュエーション ②

> 何か不都合な点がございましたら、どうぞご遠慮なく、いつでもメールをお送りください。
> 뭔가 불편한 사정이 있다면 언제라도 주저하지 마시고 메일 보내 주세요.

 どうぞ遠慮なく〜ください는 '아무 주저하지 마시고 〜하세요'란 뜻으로 권유할 때 자주 쓰는 표현이다. どうぞ, ご遠慮なく 외에도 ご自由に(자유롭게)가 있다.

ビジネスメールシチュエーション ③

> ご意見・ご感想、お問い合わせなどのメールをお待ちしております。
> 의견, 감상, 문의 등의 메일을 기다리겠습니다.

 '기다리겠다'는 말로 협조를 부탁하는 표현이다. よいお返事、お待ちしております。(좋은 답장 기다리겠습니다.) 혹은 변형해서 〜がありましたら〜お送り下さい。(〜가 있으면 보내 주세요.)라고 해도 된다.

Words
- 遠慮(えんりょ) 조심함, 망설임 ・ **不都合**(ふつごう) 형편이 좋지 못함

In More Depth 한걸음 더

메일을 끝마칠 때 자주 쓰는 표현

메일을 끝마칠 때는 よろしく를 써서 どうぞよろしく, くれぐれもよろしく, なにとぞよろしく 등으로 쓴다. 평소 헤어질 때 인사말로도 자주 사용되므로 잘 기억하자.

- くれぐれもよろしくお伝えください。
  부디 안부 잘 전해 주세요.

- なにとぞよろしくお願い申し上げます。
  아무쪼록 잘 부탁드립니다.

Words
- くれぐれ 부디, 아무쪼록 ・伝(つた)える 전하다 ・なにとぞ 제발, 부디, 아무쪼록

Quiz 이런 경우에는 일본어로 어떻게 표현?

Q1. 3月7日付けの問い合わせに対しての _____ をいただきたく、_____ 。
3월 7일자 문의에 대한 답장을 부탁드립니다.

Q2. 先日お願いしたプログラムの件ですが、すぐにメールしていただけると
_____ 。
지난번에 부탁한 프로그램 건 말입니다만, 바로 메일을 보내 주시면 고맙겠습니다.

Q3. これについてご質問のある場合は、_____ メールをください。
이에 대한 질문이 있을 때는 주저하지 마시고 메일 주세요.

Answer
Q1 お返事, お願い申し上げます Q2 助かります Q3 ご遠慮なく

Exercise 한일 번역 도전!

Ex1. 텔레비전 납기 건 말입니다만, 답장 주시기를 기다리겠습니다.

Ex2. 저희 회사의 개발 프로그램에 관해 다른 요구 사항이 있다면 알려 주세요.

Ex3. 저희가 도움이 될 일이 있으면 언제라도 주저하지 마시고 메일로 연락 주세요.

Answer

Ex1 '답장 주시기를 기다리겠습니다'는 お返事をお待ちしております
テレビ納期の件ですが、お返事をお待ちしております。
　お返事をお待ちしております는 관용적으로 사용하는 표현이다. お返事 대신에 손님 내방의 경우 ご来店を~를, 이벤트의 응모의 경우는 ご応募を~ 등과 같이 응용하여 표현할 수 있다.

Ex2 '다른 요구 사항'은 さらなるご要望
我が社の開発プログラムに関しまして、さらなるご要望がございましたら、どうぞお知らせください。
　さらなる는 '한층 더'라는 뜻으로 여기서는 '다른'으로 해석된다.

Ex3 '주저하지 마시고'는 ご遠慮なく
私共でお役に立てることがありましたら、いつでもご遠慮なくメールをください。
　'언제라도 주저하지 마시고 ~해 주세요'는 いつでもご遠慮なく~ください로 표현한다.

日本語
ビジネスeメール
10분 투자로 메일의 달인 되는법

업무상 연락은 기본 중의 기본이다. Part4에서는 각종 소식을 알릴 때, 초대 메일 보낼 때. 방문을 요청할 때, 만날 약속을 조정할 때 등에 쓰이는 다양한 안내 표현을 알아보자.

Part 4 안내문편

- **Lesson 13** 메시지 전달하기
- **Lesson 14** 회의에 필요한 메일 표현 익히기
- **Lesson 15** 이벤트 초대 메일 쓰기
- **Lesson 16** 방문을 요청하는 메일 쓰기
- **Lesson 17** 만날 약속을 조정하는 메일 쓰기

Lesson 13 메시지 전달하기

Point 1 소식이나 정보를 알리는 메일
Point 2 타인에게 메시지를 전달하려면?
Point 3 메시지의 다양한 표현법

비즈니스에서 메일은 단순히 정보를 전하는 기능 외에도 말로는 오해가 생길 수 있는 내용을 명확하게 전달하는 기능을 하기도 한다. 이 과에서는 단순한 정보에서부터 소식의 전달, 제3자에 대한 부탁 등 메시지를 전달할 때 쓰는 다양한 표현법을 알아보자.

送信者　gdhong@mycompany.com

宛先　yamadatarou@yourcompany.com

件名　リニューアルオープンの件

山田株式会社　営業部
山田太郎様

韓国商事のホン・ギルドンです。
我が店舗が来月、リニューアルオープンすることになりましたので、お知らせいたします。
今後とも宜しくお願いいたします。

(株)韓国商事　営業部　ホン・ギルドン
　TEL：82-2-337-3053
　FAX：82-2-337-3054

●●● 리뉴얼 오픈 건

　　한국상사의 홍길동입니다. 우리 점포가 다음 달 리뉴얼 오픈하게 되어 알려드리는 바입니다. 앞으로도 잘 부탁드립니다.

Point 1   소식이나 정보를 알리는 메일

 '~하게 되어 알려드립니다'는 ~ことになりましたので、お知らせいたします

ビジネスメールシチュエーション ①

来月、新しい店舗をオープンすることになりましたので、お知らせいたします。
다음 달 새로운 점포를 오픈하게 되어 알려드립니다.

 어떤 소식이나 정보를 알리는 일반적인 표현이다. ~ことになる는 '~하기로 되다, ~하기로 결정되다'라는 뜻이다. 위 표현은 좋은 소식은 물론 貴子氏が、体調不良により6月17日をもちまして辞任することになりましたので、お知らせいたします。(다카코 씨가 몸이 좋지 않아 6월17일부로 사임하게 되었으므로 알려드립니다.)와 같이 좋지 않은 정보를 전달할 수도 있다.

ビジネスメールシチュエーション ②

新しいシステムの導入が完了したことをお知らせできることを嬉しく思います。
새로운 시스템의 도입 완료를 알려드리게 된 점을 기쁘게 생각합니다.

 '~을 알려드리게 됨 점을 기쁘게 생각합니다'는 ~ことをお知らせできることを嬉しく思います로 쓴다. お知らせできる와 嬉しく思う를 써서 기쁜 기분을 공유하고 싶다는 뉘앙스를 풍기고 있다.

ビジネスメールシチュエーション ③

大変嬉しいことにわが社も50周年を迎えました。
매우 기쁘게도 저희 회사도 50주년을 맞이했습니다.

 매우 기쁜 소식을 전달할 때 쓰는 표현이다. '매우'는 大変, '기쁘게도'는 嬉しいことに로 쓴다. ~ことには '~하게도'라는 뜻으로 화자가 어떤 사실에 대해 느낀 점을 강조해서 쓰는 표현이다. 뒤에는 記念パーティーを開くことをお知らせします。(기념 파티를 연다는 것을 알려드립니다.)와 같은 내용이 올 수 있다.

Words
- 来月(らいげつ) 다음달 • 店舗(てんぽ) 점포 • オープンする 오픈하다 • ~をもちまして ~으로써, ~으로, ~을 끝으로(=~をもって) • 体調不良(たいちょうふりょう) 몸 상태가 좋지 않음 • 辞任(じにん) 사임 • 導入(どうにゅう) 도입
- 完了(かんりょう)する 완료하다 • 迎(むか)える 맞이하다 • 記念(きねん) 기념 • 開(ひら)く 열다

Point 2 타인에게 메시지를 전달하려면?

 제3자에게 메시지를 전해달라고 할 때는 ~にお伝えください

ビジネスメールシチュエーション

恐れ入りますが、私は今日会社に戻れないと山田さんにお伝えください。よろしくお願いします。

죄송합니다만, 저는 오늘 회사에 돌아갈 수 없다고 야마다 씨에게 전해 주세요. 잘 부탁드립니다.

 제3자에게 메시지를 전해 달라고 할 때는 ~にお伝えください를 쓴다. 회사에 들르지 않고 바로 퇴근한다고 말할 때는 直帰するとお伝えください라고 하며, 안부 등을 전해달라고 할 때는 OOによろしくお伝えください。(OO에게 안부 전해 주세요.)를 쓴다. 부탁이나 의뢰할 때 恐れ入りますが, 失礼ですが(죄송합니다만, 실례지만)를 쓰면 정중한 느낌을 줄 수 있다.

ビジネスメールシチュエーション

出発時間の変更を伝えるように部長に頼まれましたのでお知らせします。

출발시간의 변경을 전해달라고 부장님께 부탁받았기에 알려드립니다.

 제3자에게 부탁받은 내용을 전할 때는 ~を伝えるように~に頼まれたのでお知らせします를 쓴다.

ビジネスメールシチュエーション

山田部長からの伝言で、緊急会議を開くように、とのことです。

야마다 부장에게서 온 전언인데, 긴급회의를 열도록 하랍니다.

 제3자에게 부탁받은 내용을 전할 때 쓰는 표현으로 ~からの伝言で、~ように、とのことです가 있다. 伝言은 '남긴 말' 즉 '전언'을 의미한다. ~ように는 '~하도록'이라는 뜻으로 동작의 목적이나 의도를 나타낸다. ~とのことです는 ~ということです。(~라고 합니다.)와 같은 말이다.

Words
- 恐(おそ)れ入(い)りますが 죄송합니다만 • 戻(もど)る 되돌아가다, 되돌아오다 • 伝(つた)える 전하다
- 変更(へんこう) 변경 • 伝言(でんごん) 전언 • 緊急(きんきゅう) 긴급 • 会議(かいぎ)を開(ひら)く 회의를 열다

Point 3 메시지의 다양한 표현법

 '~므로 주의해 주세요'는 ～ので、ご注意ください

ビジネスメールシチュエーション ①

今月から納品日が以下のように変更になりますので、ご注意ください。
이번 달부터 납품일이 아래와 같이 변경되므로 주의해 주세요.

> 메시지를 전달하면서 주의를 환기시키고자 할 때 쓰는 표현이다. ご~ください는 ご+명사(한자어)+ください 형태로 '~해 주세요, ~해주시기 바랍니다'라는 의미를 나타낸다. ～してください 보다 정중한 느낌을 준다.

ビジネスメールシチュエーション ②

特別セール期間は本日をもちまして終了いたしましたので、お間違いのないようお願いいたします。
특별 세일기간은 오늘로 종료됐으므로 착오 없으시기를 부탁드립니다.

> 메시지를 전달하면서 상대방에게 주의를 요할 때 쓸 수 있는 표현이다. ～ので、お間違いのないよう、お願いいたします는 '~므로 착오 없으시기를 부탁드립니다'로 사이에 よろしく를 넣어 ～ので、お間違いのないよう、よろしくお願いいたします로 쓰기도 한다.

ビジネスメールシチュエーション ③

8月13日から16日まではお休みさせていただきますので、ご了承ください。
8월 13일부터 16일까지는 쉬므로 양해해 주세요.

> ～させていただく는 우리말에 없는 표현으로 '~하게 해달라'고 상대방에게 허락을 구하면서 메시지를 전달하는 표현이다. 휴가철이 되면 가게 앞에는 誠に勝手ながら都合により、下記のように臨時休業させていただきますので、ご了承ください。(대단히 염치없지만 가게 사정으로 아래와 같이 임시휴업을 하므로, 양해해 주세요.)과 같은 메시지가 붙어 있는 것을 볼 수 있다. 여기서 勝手ながら는 勝手(제멋대로임)에서 알 수 있듯이 자신의 상황에 의한 판단을 의미한다.

Words
- 納品日(のうひんび) 납품일 ● 注意(ちゅうい) 주의 ● 変更(へんこう) 변경 ● 了承(りょうしょう) 양해, 납득
- 誠(まこと)に 정말로 ● 勝手(かって) 제멋대로 함 ● 都合(つごう) 사정, 형편 ● 臨時休業(りんじきゅうぎょう) 임시휴업

In More Depth 한걸음 더

급히 부탁할 때의 표현

비즈니스를 하다 보면 급히 상대방에게 부탁을 할 일이 생긴다. 이 경우 상대방이 명령을 받는 느낌이 들지 않게 急いでいるので(급해서 그러는데)로 먼저 이쪽의 상황을 말하고 できるだけ早く～よう、お願いいたします(되도록 빨리 ～를 바랍니다)로 정중하게 부탁한다.

- 急いでおりますので、できるだけ早く納品してくださいますよう、お願いいたします。
  급해서 그러는데, 되도록 빨리 납품해 주시기를 바랍니다.
- 急いでおりますので、できるだけ早くご連絡いただけますか。
  급해서 그러는데, 되도록 빨리 연락해 주시겠습니까?
- お忙しいとは思いますが、我々も急いでおりますので、遅くても12月末までには見積もりの完成をお願いいたします。
  바쁘신 줄은 알지만, 저희도 급해서 그러니, 늦어도 12월 말까지는 견적서 완성을 부탁드립니다.

Quiz 이런 경우에는 일본어로 어떻게 표현?

Q1. 来月、新しい店舗をオープンすることになりましたので、＿＿＿＿＿＿＿＿。
다음 달 새로운 점포를 오픈하게 되어 알려드립니다.

Q2. 恐れ入りますが、私は今日会社に戻れないと山田さんに＿＿＿＿＿＿＿＿。よろしくお願いします。
죄송합니다만, 저는 오늘 회사에 돌아갈 수 없다고 야마다 씨에게 전해 주세요. 잘 부탁드립니다.

Q3. 今月から納品日が以下のように変更になりますので、＿＿＿＿＿＿＿＿。
이번 달부터 납품일이 아래와 같이 변경되므로 주의해 주세요.

Answer
Q1 お知らせいたします Q2 お伝えください Q3 ご注意ください

Exercise 한일 번역 도전!

Ex1. 이번 프로젝트에서 귀사와 함께 일을 할 수 있게 된 것을 기쁘게 생각합니다.

Ex2. 영업부의 홍길동입니다만, 다음 달부터 담당이 바뀌는 것을 연락드립니다.

Ex3. 초과 근무 수당의 제출방법이 다음 달 1일부터 다음과 같이 변경되므로 주의해 주세요.

Answer

Ex1 '~것을 기쁘게 생각합니다'는 ~ことを嬉しく思います
今回のプロジェクトで貴社と共にお仕事ができますことを嬉しく思います。
　~ことを嬉しく思います는 '~것을 기쁘게 생각합니다'로 자주 쓰는 표현이다. 共(とも)에는 '함께'라는 뜻이며, ~できますことを嬉しく思います를 과거로 말하고 싶을 때는 ~できましたことを嬉しく思っております라고 한다.

Ex2 '연락드립니다'는 ご連絡いたします를 쓴다
営業部のホン・ギルドンですが、来月から担当が変わりますことをご連絡いたします。
　담당의 변경을 알릴 때는 ~担当が変わりますことをご連絡いたします로 표현한다. 혹은 来月から担当が私に代わり、〇〇が担当することになりました。(다음 달부터 담당이 저를 대신해 〇〇가 담당하게 되었습니다.)와 같이 표현할 수도 있다. 뒤에는 よろしくお願いします。(잘 부탁드립니다.)라는 말을 추가할 수 있다.

Ex3 '주의해 주세요'는 ご注意ください
超過勤務手当ての出し方が、来月の1日付けで下記のように変更になりますので、ご注意ください。
　'1일부로'는 1日付けで라고 하고, '이달로'는 今月をもって, '이달 말까지로'는 今月一杯で라고 한다. 예를 들면 今月一杯で担当を変えることになりましたことをお知らせします。(이달 말까지로 담당을 바꾸게 된 점을 알려드립니다.) 또는 今月をもってお店を閉店させていただきます。(이달로 가게를 폐점하겠습니다.)와 같이 쓴다.

Lesson 14 회의에 필요한 메일 표현 익히기

Point 1 "회의를 개최합니다" 통지 메일
Point 2 참석 여부를 알리는 확인 메일
Point 3 회의의 목적을 알리는 메일

회의 개최의 통지나 참석 여부를 확인하는 표현은 중요한 사안이니만큼 정확한 표현을 요한다. 이 과에서는 회의 통지나 참석 여부의 확인, 회의 목적을 알리는 등 각종 미팅의 사전 준비에 관련된 표현을 알아본다.

送信者 : gdhong@mycompany.com

宛先 : yamadatarou@yourcompany.com

件名 : プロジェクトミーティングの件

山田株式会社　営業部
山田太郎様

いつもお世話になっております。
7月7日月曜日午後4時から、
共同開発プロジェクトのミーティングを開催いたしますので、貴殿もどうぞご参加ください。
お忙しいと思いますが、よろしくお願いします。

㈱韓国商事　営業部　ホン・ギルドン
TEL：82-2-337-3053
FAX：82-2-337-3054

●●● 프로젝트 미팅 건

　　항상 신세 지고 있습니다. 7월 7일 월요일 오후 4시부터 공동개발 프로젝트 미팅을 개최하므로 귀하도 꼭 참석해 주시기 바랍니다. 바쁘실 줄 알지만 잘 부탁드립니다.

Point 1 "회의를 개최합니다" 통지 메일

 '개최합니다'는 開催いたします를 쓴다

ビジネスメールシチュエーション ①

7月7日月曜日の午後4時から、共同開発プロジェクトのミーティングを開催いたしますので、貴殿もどうぞご参加ください。

7월 7일 월요일 오후 4시부터 공동 개발 프로젝트 미팅을 개최하므로 귀하도 꼭 참석해 주시기 바랍니다.

 회의나 미팅의 개최를 알릴 때 쓰는 표현이다. '개최하다'는 開催する를 쓰거나 開く를 쓴다. '귀하도 참석해 주세요'라고 요청의 의미를 담고 싶을 때는 貴殿もどうぞご参加ください라고 하면 된다.

ビジネスメールシチュエーション ②

新都市開発企画会議が5月10日月曜日午前10時から行われる予定です。その時に開発計画案のプレゼンをしていただきたいと思います。

신도시개발 기획회의가 5월 10일 월요일 오전 10시부터 열릴 예정입니다. 그 때 개발계획안의 프레젠테이션을 해 주셨으면 합니다.

 회의 일정을 알리면서 어떤 역할을 의뢰하는 표현이다. '~을 해주시면 좋겠다'는 ~をしていただきたい로, ~してほしい(~해 주기를 바란다)의 정중한 표현이다. 조금 더 부드러운 표현은 ~と思いますが、いかがでしょうか。(~라고 생각합니다만, 어떠세요?)이다.

ビジネスメールシチュエーション ③

10月10日月曜日午前10時より、わが社においてソウル商工会議を開催いたしますので、貴殿もぜひお越しください。

10월 10일 월요일 오전 10시부터 저희 회사에서 서울 상공회의를 개최하므로 귀하도 꼭 참석해 주세요.

 회의 소식을 알리고 참석을 재촉하는 표현이다. より는 '에서, 으로부터'라는 뜻으로 から와 같이 장소나 시간을 가리킨다. '회의를 개최하므로'라는 会議を開催いたしますので 대신에 会議を開く予定ですので로 바꿔 쓸 수 있으며, '꼭 오세요'라는 ぜひお越しください 대신에는 ぜひ足をお運びください、ぜひいらしてください로 바꿔 쓸 수 있다. お越しをお待ちしております。(오시기를 기다리겠습니다.)를 덧붙일 수도 있다.

Words
- 共同開発(きょうどうかいはつ) 공동개발 ● 開催(かいさい) 개최 ● 開(ひら)く 열다 ● 商工会議(しょうこうかいぎ) 상공회의
- ぜひ 아무쪼록, 제발, 꼭 ● お越(こ)し 가심, 오심 ● 足(あし)を運(はこ)ぶ 실지로 그곳에 가다, 찾아가 보다

Point 2 참석 여부를 알리는 확인 메일

@ '참석 여부를 확인해 주세요'는 出欠の可否をお知らせください

ビジネスメールシチュエーション ①

次回の開発会議は一応8月10日に予定しています。仕事の日程がつき次第、出欠の可否をお知らせください。

다음 번 개발회의는 일단 8월 10일로 예정되어 있습니다. 일의 일정이 정해지는 대로 참석 여부를 확인해 주세요.

참석 여부를 확인하는 표현이다. 일본에서는 결혼식도 꼭 참석 여부를 확인해서 자리를 마련하므로 답신을 보내는 것이 원칙이다. 위 문장에서 次回の는 次の로 바꿀 수 있으며, 一応 대신에는 とりあえず, ひとまず를 써도 괜찮다. 日程がつき次第는 '일정이 정해지는 대로'라는 뜻이다.

ビジネスメールシチュエーション ②

次回の月例会議が第一週目に予定されています。都合の悪い日がありましたら、前もってご連絡ください。

다음 번 월례회의가 첫 번째 주로 예정되어 있습니다. 사정이 나쁜 날이 있으면, 미리 연락 주세요.

회의 예정일을 알리고 가능하지 않은 날을 조율할 때 쓰는 표현이다. 都合の悪い日がありましたら、前もってご連絡ください는 회의에 참석할 수 없는 날짜를 미리 알려달라고 할 때 자주 사용되는 표현이다.

ビジネスメールシチュエーション ③

9月17日に開かれる新製品発表会への招待メールは届きましたでしょうか。出席の可否をご連絡ください。

9월 17일에 열리는 신제품발표회의 초대 메일은 도착했습니까? 출석여부를 알려 주세요.

～は届きましたでしょうか。(～은 도착했습니까?)는 출석 여부에 관한 답변이 없을 때 쓰는 표현이다. 出席の可否をご連絡ください는 '출석을 할지 안 할지'를 알려달라는 의미로 쓴다.

Words
- 可否(かひ) 여부 • 次回(じかい) 다음 번 • 出欠(しゅっけつ) 출결, 출석과 결석 • 一応(いちおう) 우선, 어떻든, 일단
- とりあえず 우선 • 日程(にってい) 일정 • 月例(げつれい) 월례 • 都合(つごう) 사정, 형편
- 前(まえ)もって 미리, 앞서, 사전에 • 新製品発表会(しんせいひんはっぴょうかい) 신제품 발표회
- 招待(しょうたい) 초대

Point 3 회의의 목적을 알리는 메일

 '이번 미팅의 주목적은'은 今回の打ち合わせの主目的は～

ビジネスメールシチュエーション

今回の打ち合わせの主目的は、上半期販売現状報告と下半期販売目標についてです。

이번 미팅의 주목적은 상반기 판매 현상 보고와 하반기 판매 목표에 대해서입니다.

 今回の～の主目的は～です로 회의의 목적을 알린다. 主目的는 主な目的로 바꿀 수 있다. 일본어로 상반기, 하반기는 上半期, 下半期라고 하는데, 이를 じょうはんき, げはんき 등으로 읽지 않고 かみはんき, しもはんき로 읽는다는 점에 유의해야 한다.

ビジネスメールシチュエーション

今回の打ち合わせは顧客サービス部門とビジネス合併について話し合う予定です。

이번 미팅은 고객 서비스 부문과 비즈니스 합병에 대해 이야기를 나눌 예정입니다.

 ～について話し合う予定です로 미팅의 주요 목적에 대해 표현할 수도 있다. 合併に関する話し合いをしたいと思います。(합병에 관한 의논을 하려고 합니다.)로 바꿔 쓸 수 있다. 이때 話し合う는 '서로 이야기하다'라는 뜻이고, 話し合い는 '의논, 교섭, 상담'이란 뜻이다.

ビジネスメールシチュエーション

参考欄に記載されている会議の議題原案を添付いたします。

참고란에 기재된 회의의 의제 초안을 첨부합니다.

 첨부 파일로 의제를 알리는 표현이다. '～을 첨부합니다'는 앞서 배웠듯이 ～を添付いたします라는 표현을 쓴다.

Words
- 主目的(しゅもくてき) 주목적 ● 主(おも)な 주요한 ● 上半期(かみはんき) 상반기 ● 販売(はんばい) 판매 ● 現状(げんじょう) 현상 ● 報告(ほうこく) 보고 ● 下半期(しもはんき) 하반기 ● 顧客(こきゃく) 고객 ● 部門(ぶもん) 부문 ● 合併(がっぺい) 합병
- 参考欄(さんこうらん) 참고란 ● 記載(きさい) 기재 ● 議題原案(ぎだいげんあん) 의제원안, 의제초안

In More Depth 한걸음 더

まで와 までに의 쓰임

비즈니스의 생명은 정확한 날짜와 시간을 엄수하는 것이다. 여기서는 날짜와 시간을 말할 때 우리말에 없어 혼란을 주는 まで와 までに에 대해 알아보자.

> まで는 그 한계점까지 연속하는 시간을 나타내고, までに는 한계점보다 앞의 한 시점을 나타낸다. までに는 以前に(이전에)로 바꿔 쓸 수 있다. までに의 반대는 以後に(이후에)이다.
>
> - 5時まで資料を作ってください。
>   5시까지 자료를 만들어 주세요.
>   → '5시 안에는 계속 그 자료를 만들어라'는 의미로 5시까지 자료를 만드는 일을 계속하는 것이다.
>
> - 5時までに資料を提出してください。
>   5시까지 자료를 제출해 주세요.
>   → '5시 안에 만들어서 완성하라'는 의미로 자료를 만드는 일이 5시 이전 어느 한 시점에 끝날 수도 있다.

Quiz 이런 경우에는 일본어로 어떻게 표현?

Q1. 7月7日月曜日の午後4時から、共同開発プロジェクトのミーティングをいたしますので、貴殿もどうぞご参加ください。

　　　7월 7일 월요일 오후 4시부터 공동 개발 프로젝트 미팅을 개최하므로, 귀하도 꼭 참석해 주시기 바랍니다.

Q2. 次回の開発会議は一応8月10日に予定しています。仕事の日程がつき次第、　　　　　　をお知らせください。

　　　다음 번 개발회의는 일단 8월 10일로 예정되어 있습니다. 일의 일정이 정해지는 대로 참석 여부를 확인해 주세요.

Q3. 今回の打ち合わせの　　　　　　は、上半期販売現状報告と下半期販売目標についてです。

　　　이번 미팅의 주목적은 상반기 판매 현상 보고와 하반기 판매 목표에 대해서입니다.

Answer
Q1 開催　Q2 出欠の可否　Q3 主目的

> **Exercise**　한일 번역 도전!

Ex1. 다음 주 월요일 오전 10부터 2층 회의실에서 그룹 리더 미팅을 개최하므로 귀하도 참석해 주세요.

Ex2. 영업부장 회의는 9월 11일에 예정되어 있습니다. 참석 여부를 확인해 주세요.

Ex3. 다음 그룹 미팅은 10월 1일 오전 9시에 당사에서 개최하자는 제안이 나왔습니다. 다룰 의제는 내년도 판매목표에 관해서입니다.

Answer

Ex1 '참가해 주세요'는 参加してください

来週の月曜日午前10時から2階の会議室において、グループリーダーミーティングを開催いたしますので、貴殿も参加してください。

'귀하도 참가해 주세요'는 貴殿も参加してください로 요청의 뉘앙스가 강하다. 끝에 お忙しいと思いますが、よろしくお願いします。(바쁘실 줄 알지만 잘 부탁드립니다.)라는 말을 덧붙이면 정중한 느낌이 든다.

Ex2 '출석 여부를 확인해 주세요'는 出欠の可否をご確認ください

営業部長会議は9月11日に予定されています。出欠の可否をご確認ください。

출석할지못할지출결사항을 물을 때는 出欠の可否をご確認ください라는 표현을 쓴다. 참고로 어쩔 수 없는 이유로 참석할 수 없을 때는 申し訳ございませんが、欠席させていただきます。(죄송합니다만, 참석하지 못하겠습니다.)와 같은 표현을 쓴다.

Ex3 '의제'는 議題

次のグループミーティングは、10月1日午前9時に当社で開催することが提案されました。取り上げる議題は、来年度の販売目標についてです。

取り上げる는 '문제삼다, 다루다'의 뜻이다. 의제가 한 가지가 아닐 경우에는 가장 대표적인 의제를 말한 뒤, その他です。(그 외 안건입니다.)를 붙이면 된다.

Lesson 15 이벤트 초대 메일 쓰기

Point 1 "모임에 초대합니다" 패턴
Point 2 승낙 또는 거절의 패턴
Point 3 고위 인사의 방문을 알리는 패턴

이벤트에 초대를 받았을 때는 참석 여부를 꼭 전달해야 한다. 이 과에서는 이벤트 초대장을 보낼 때, 초대장을 받고 참석 여부를 알릴 때, 숙소를 부탁할 때 등 각종 초대에 관한 표현을 알아보자.

送信者: gdhong@mycompany.com

宛先: co-work@mycompany.com

件名: 新入社員歓迎会のご案内

(株)韓国商事　企画部
キム・ソンヒ様

お疲れ様です。営業部のホン・ギルドンです。
今年は男子5名、女子3名の新入社員が入社しました。
つきましては、彼らを歓迎し、部署を超えた親睦を深めるべく、下記の通り、歓迎会を開きます。
ぜひご出席くださいますようお願いいたします。

(株)韓国商事　営業部　ホン・ギルドン
TEL : 82-2-337-3053
FAX : 82-2-337-3054

▶▶▶ 신입사원 환영회 안내

　수고하십니다. 영업부의 홍길동입니다. 올해는 남자 5명, 여자 3명의 신입사원이 입사했습니다. 그런 이유로 그들을 환영하고 부서를 초월한 친목을 다지기 위해 아래와 같이 환영회를 엽니다. 꼭 출석하시기를 부탁드립니다.

Point 1 "모임에 초대합니다" 패턴

 '환영회를 엽니다'는 歓迎会を開きます

ビジネスメールシチュエーション ①

新入社員を歓迎し、部署を超えた親睦を深めるべく、下記の通り、歓迎会を開きます。

신입사원을 환영하고 부서를 초월한 친목을 높이기 위해 아래와 같이 환영회를 엽니다.

 모임을 공지하는 기본 표현이다. '환영회를 개최합니다'는 歓迎会を開催しますㄹ, 뒤에는 'お忙しい時期ではありますが、ぜひご出席くださいますようお願いいたします。(바쁘신 시기이기는 합니다만, 꼭 출석하시기를 부탁드립니다.)'라는 말을 덧붙이면 좋다.

ビジネスメールシチュエーション ②

この度、会社創立30周年を記念して、11月25日午後7時から2階の大会議室において、パーティーを開催することになりました。

이번에 회사 창립 30주년을 기념하여 11월 25일 오후 7시부터 2층 대회의실에서 파티를 개최하게 되었습니다.

 파티 개최를 알리는 표현이다. '이번에 ~을 기념해서'라고 말하고 싶을 때는 この度、〇〇を記念して를 쓴다. ~することになりました는 '~하기로 되다, ~하기로 결정되다'의 의미로, 약간 더 딱딱한 말로 ~することとなりました, 정중한 느낌으로 することにいたしました로 바꿀 수 있다.

ビジネスメールシチュエーション ③

参加人数確認のため、11月30日までに、山田さんまで、ご出席の通知をお願いいたします。

참가 인원수 확인을 위해서 11월 30일 안에 야마다 씨에게 출석 통지를 부탁드립니다.

 참가 인원수를 알고자 하는 표현이다. '参加人数確認のため는 参加人数を確認したいと思いますので (참가 인원수를 확인하고 싶으니)'로 바꿔 쓸 수 있다.

Words
• 開(ひら)く 열다 • 開催(かいさい)する 개최하다 • この度(たび) 이번, 금번 • 越(こ)える 초월하다, 제쳐놓다, 뛰어넘다

Point 2 승낙 또는 거절의 패턴

'기꺼이 받아들이겠습니다'는 喜んでお受けいたします

ビジネスメールシチュエーション

> 3月10日月曜日に開催される創立10周年記念日パーティーのご招待を喜んで
> お受けいたします。
> 3월 10일 월요일에 개최되는 창립 10주년 기념 파티의 초대를 기꺼이 받아들이겠습니다.

초대에 응하는 표현으로 '~의 초대를 기쁘게 받아들이겠습니다'는 ~のご招待を喜んでお受けいた
します라고 쓴다.

ビジネスメールシチュエーション

> 7月2日火曜日、創設5周年記念パーティーにご招待いただき、ありがとうご
> ざいます。上司共々、必ず出席させていただきます。
> 7월 2일 화요일 창립 5주년 기념 파티에 초대해 주셔서 감사드립니다. 상사와 함께 꼭 참석하겠습니다.

초대를 해 준 것에 대한 감사 인사로 시작하여, 必ず出席させていただきます。(확실히 참석하겠습니다.)로
초대에 반드시 참석하겠다는 의사를 밝히는 표현이다. 必ず 대신에 ぜひ를 쓸 수도 있으며, ご招待いた
だきは お招きいただき로 바꿔 쓸 수 있다.

ビジネスメールシチュエーション

> 6月25日木曜日の「討論会」にご招待いただきありがとうございます。しかし
> ながら、誠に申し訳ありませんが、その日はどうしても都合がつかず、出席
> できません。
> 6월 25일 목요일 '토론회'에 초대해 주셔서 감사드립니다. 그런데 정말 죄송한데 그 날은 도저히 사정이 여의치 않아 출석할 수가 없습니다.

초대를 거절할 때의 표현이다. 誠に申し訳ありませんが는 誠に残念ですが로 바꿔 쓸 수 있다.

Words
- 創立(そうりつ) 창립 ・記念日(きねんび) 기념일 ・招待(しょうたい) 초대 ・上司(じょうし) 상사
- 共々(ともども) 다 같이, 함께, 서로 ・討論会(とうろんかい) 토론회

Point 3 고위 인사의 방문을 알리는 패턴

 '숙소 준비를 잘 부탁드립니다'는 宿の手配をよろしくお願いします

ビジネスメールシチュエーション ①

山田会長が1月に訪問される予定です。1月12日から16日まで、日本ホテルに宿の手配をよろしくお願いします。

야마다 회장이 1월에 방문할 예정입니다. 1월 12일부터 16일까지 일본 호텔에 숙소 준비를 잘 부탁드립니다.

 숙소를 부탁할 때 쓰는 표현이다. '숙소 준비를 부탁드려도 괜찮을까요?'는 宿の手配をお願いできますでしょうか 또는 宿の手配をお願いしてもよろしいでしょうか라고 한다.

ビジネスメールシチュエーション ②

鈴木氏が、6月15日に訪問される予定です。時間を空けておいてください。

스즈키 씨가 6월 15일에 방문할 예정입니다. 시간을 비워 두세요.

 방문 날짜를 알리고 그 시간에 다른 일정을 잡지 않도록 미리 말하는 표현이다. 時間を空けておいてください는 スケジュールを空けておいてください。(스케줄을 비워 두세요.)로 말할 수도 있다.

ビジネスメールシチュエーション ③

山田氏が8月12日午後2時に、日本空港に到着される予定です。出迎えの手配をお願いします。

야마다 씨가 8월 12일 오후 2시에 일본공항에 도착할 예정입니다. 마중 준비를 부탁드립니다.

 마중을 부탁할 때 쓰는 표현이다. 出迎えの手配 대신 '전송과 마중 준비를 다 부탁한다'는 의미로 쓰고 싶다면 送迎の手配로 바꿔 쓰면 된다. '마중 부탁드립니다'는 お出迎えをお願いします라고 한다.

Words
- 手配(てはい) 준비, 절차
- 出迎(でむか)え 마중
- 送迎(そうげい) 떠나는 사람을 보내는 일과 오는 사람을 맞아들이는 일

In More Depth 한걸음 더

모임 후 감사 인사 표현

모임이 끝난 후에는 모임의 주최측, 초대된 쪽 모두 감사 인사 메일을 보내는 것이 비즈니스의 기본 매너이다.

- 昨日はお忙しいところ、お時間を割いていただき、ありがとうございました。
  어제는 바쁘신 중에 시간을 내 주셔서 감사드립니다.
- ご多忙の折、お打合せの時間をいただき、貴重なご経験を伺うことができ、感謝申し上げます。
  바쁘신 때 미팅 시간을 내 주셔서 귀중한 경험을 듣게 된 점 감사드립니다.
- 先日は御社主催のゴルフコンペにお招きいただき、ありがとうございました。
  저번에는 귀사 주최의 골프 경기회에 초대해 주셔서 감사드립니다.

Words
- 折(おり) 그때, 그 경우 ● 主催(しゅさい) 주최 ● ゴルフコンペ 골프 경기회

Quiz 이런 경우에는 일본어로 어떻게 표현?

Q1. 新入社員を歓迎し、部署を超えた親睦を深めるべく、下記の通り、歓迎会を _____ 。
신입사원을 환영하고 부서를 초월한 친목을 다지기 위해 아래와 같이 환영회를 엽니다.

Q2. 3月10日月曜日に開催される創立10周年記念日パーティーのご招待を喜んでお _____ いたします。
3월 10일 월요일에 개최되는 창립 10주년 기념 파티의 초대를 기꺼이 받아들이겠습니다.

Q3. 山田会長が1月に訪問される予定です。1月12日から16日まで、日本ホテルに _____ をよろしくお願いします。
야마다 회장이 1월에 방문할 예정입니다. 1월 12일부터 16일까지 일본 호텔에 숙소 준비를 잘 부탁드립니다.

Answer
Q1 開きます Q2 受け Q3 宿の手配

Exercise 한일 번역 도전!

Ex1. 이번 프로젝트의 성공을 축하하여, 10월 30일에 조촐한 파티를 열려고 합니다.

Ex2. 사원 친목회에 초대해 주셔서 감사드립니다. 아내와 함께 꼭 참석하겠습니다.

Ex3. 야마다 부장이 4월 6일 4시에 일본공항에 도착할 예정입니다. 마중 준비 부탁드립니다.

Answer

Ex1 '파티를 열다'는 パーティーを開く
今回のプロジェクトの成功をお祝いして、10月30日にささやかなパーティーを開くことにいたしました。
　'파티를 열다'는 パーティーを開く를 쓴다. 같은 의미로 '파티를 개최하다'라고 하고 싶을 때는 パーティーを開催する라고 표현한다. '조촐한 파티'는 ささやかなパーティー로 쓴다. 뒤에 장소를 설명할 때는 場所は○○○です。午後7時頃から始まります。(장소는 ○○○입니다. 오후 7시 경부터 시작합니다.)와 같은 말을 덧붙일 수도 있다.

Ex2 '꼭 참석하겠습니다'는 必ず出席させていただきます
社員親睦会にご招待いただき、ありがとうございます。妻共々、必ず出席させていただきます。
　초대에 대한 인사는 ～にご招待いただき、ありがとうございます로 한다. 共々는 '같이, 함께'라는 뜻이고, '꼭 참석하겠습니다'는 必ず出席させていただきます로 쓴다. '～의 파티에 기쁘게 출석하겠습니다'는 ～のパーティーに喜んで出席させていただきます로 쓸 수도 있다. '참석하겠습니다'는 参加させていただきます、お伺いいたします로 쓴다.

Ex3 '마중'은 出迎え
山田部長が4月6日4時に日本空港に到着の予定です。出迎えの手配をお願いします。
　비행기 편을 말해 줄 때는 4月6日4時のJAL123便で行く予定です。(4월 6일 4시 JAL123편으로 갈 예정입니다.)와 같이 쓴다. 到着の予定です는 到着される予定です로 바꿀 수 있으며, 手配는 '준비, 절차'라는 뜻이다.

Lesson 16 방문을 요청하는 메일 쓰기

Point 1 만남을 요청하는 표현 테크닉
Point 2 승낙·사양의 표현 테크닉
Point 3 회사 방문을 요청하는 표현 테크닉

비즈니스 세계에는 문자만으로는 한계가 있어 직접 만나서 처리해야 할 부분이 존재한다. 이 과에서는 만남을 요청할 때, 승낙이나 거절을 할 때, 회사 방문을 요청할 때 등 만남에 관한 표현을 알아보자.

送信者　gdhong@mycompany.com
宛先　　yamadatarou@yourcompany.com
件名　　アポ取りの件

山田株式会社　営業部
山田太郎様

いつもお世話になっております。
できましたら、一度お会いして貴社の新技術について直接お話を伺いたいのですが、いかがでしょうか。

㈱韓国商事　営業部　ホン・ギルドン
TEL：82-2-337-3053
FAX：82-2-337-3054

●●● 시간 약속 건

항상 신세 지고 있습니다.
괜찮으시면 한번 만나 뵙고 귀사의 신기술에 대해 직접 이야기를 나누고 싶은데, 어떠신가요?

Point 1   만남을 요청하는 표현 테크닉

 '한번 만나 뵙고'는 一度お会いして

ビジネスメールシチュエーション ①

できましたら、一度お会いして貴社の新技術について直接お話を伺いたいのですが、いかかでしょうか。
괜찮으시면 한번 만나 뵙고 귀사의 신기술에 대해 직접 이야기를 나누고 싶은데, 어떠신가요?

 '괜찮으시다면 한번 만나 뵙고'는 できましたら、一度お会いして~로 만남을 요청하거나 부탁할 때 쓰는 기본 표현이다. 상대방의 의견을 듣고 싶다는 의사를 나타낼 때는 先生のお考えをお聞きしたいのですが~(선생님의 생각을 듣고 싶은데요~)와 같이 말할 수 있다.

ビジネスメールシチュエーション ②

4月10日にお会いして、次のプロジェクトについて話し合うことは可能でしょうか。
4월 10일에 만나 뵙고, 다음 프로젝트에 대해 이야기 나눌 수 있을까요?

 정중하게 만남을 요청하는 표현이다. 話し合うことは는 話し合いは로 바꿔 쓸 수 있으며, 可能でしょうか는 できますでしょうか로도 말할 수 있다.

ビジネスメールシチュエーション ③

一度ご挨拶に伺いたいのですが、今週のご都合はいかがでしょうか。
한번 인사차 들르고 싶은데, 다음 주 시간은 어떠신가요?

 한번 인사차 상대방의 회사를 방문하겠다고 말하는 표현이다. 우리말처럼 '시간은 어떠신가요?'라고 말하고 싶으면 お時間はいかがでしょうかと라고 하면 된다. お時間いただけますでしょうか라고 말하면 더욱 정중한 표현이 된다. 상대방의 시간에 맞추겠다는 표현은 お時間はそちらの都合に合わせます。(시간은 그쪽 사정에 맞추겠습니다.)라고 표현 할 수 있다.

Words
- 新技術(しんぎじゅつ) 신기술
- 直接(ちょくせつ) 직접
- 伺(うかが)う '찾다, 방문하다'의 겸양어

Point 2 　승낙·사양의 표현 테크닉

'비어 있다'는 空いている

ビジネスメールシチュエーション

その時間なら空いていますので、大丈夫です。ところで、弊社の営業部長も一緒に伺いたいのですが、よろしいでしょうか。
　　　그 시간이라면 비어 있어서 괜찮습니다. 그런데 저희 회사의 영업부장도 함께 가고 싶은데 괜찮으시겠습니까?

その時間なら空いていますは 만남을 승낙할 때 쓰는 일반적인 표현이다. 혹시 함께 누군가를 데리고 가고 싶을 때는 一緒に伺いたいのですが、よろしいでしょうか라고 하며, 同席しても、よろしいでしょうか。(동석해도 괜찮으시겠습니까?)라고 말할 수 있다.

ビジネスメールシチュエーション

残念ですが、その週は塞がっています。別の機会にまたお会いできればと思います。
　　　유감이지만, 그 주는 바쁩니다. 다른 기회에 또 만나 뵈었으면 합니다.

바빠서 거절할 때 쓰는 표현이다. '바쁩니다'를 塞がる라는 단어를 써서 '시간이 비어 있지 않다'라고 표현한다. 직접 '바쁘다'의 뜻인 忙しい를 넣어서 말할 경우에는 申し訳ありませんが、その週は仕事が忙しいため、また別の機会にお会いできればと思います。(죄송합니다만, 그 주는 일이 바빠서 또 다른 기회에 만나 뵐 수 있으면 합니다.)와 같이 말한다.

ビジネスメールシチュエーション

せっかくのお申し出にお応えすることができず誠に心苦しいかぎりですが、今回の話は遠慮させていただきます。
　　　모처럼의 제의에 응할 수가 없어서 정말 마음이 아프지만, 이번 이야기는 사양하겠습니다.

부드럽게 거절하는 표현으로 '사양하겠습니다'는 遠慮させていただきます라고 한다. '무슨 사정이 있어서 그렇게 할 수 없다'는 ～かねる를 써서 お受けいたしかねます라고 말하기도 한다.

Words
- 塞(ふさ)がる 막히다, 이미 차 있어 여유가 없다 ● 機会(きかい) 기회 ● せっかく 모처럼 ● 申(もう)し出(で) 신청
- 応(こた)える 응하다 ● 心苦(こころぐる)しい 미안해 마음이 괴롭다 ● 遠慮(えんりょ) 사양, 겸손

Point 3 회사 방문을 요청하는 표현 테크닉

 '와 주시면 고맙겠습니다'는 お越しいただければ助かります

ビジネスメールシチュエーション ①

8月17日月曜日の午後は時間が空いていますので、もし可能なら、弊社にお越しいただければ助かります。
8월 17일 월요일 오후는 시간이 비어 있으니 만약 가능하다면 저희 회사로 와 주신다면 고맙겠습니다.

 회사 방문을 요청하는 기본 표현이다. '와 주신다면 고맙겠습니다'는 お越しいただければ助かりますで, '와 주시겠습니까?'는 お越しいただけますかで 쓴다.

ビジネスメールシチュエーション ②

来週ご来社いただけますでしょうか。
다음 주 회사에 오실 수 있으세요?

 앞부분에 구체적인 때를 언급하여 방문을 요청하는 표현으로 来週ご来社いただけませんでしょうか。(다음 주 내사해 주실 수 있으신가요?)로도 말할 수 있다.

ビジネスメールシチュエーション ③

時間的にそちらに伺うのは難しそうです。弊社に来ていただくことは可能でしょうか？
시간적으로 그쪽으로 가는 것은 무리일 것 같습니다. 당사로 와 주시는 것은 가능합니까?

 자신이 방문하는 것이 힘들어 상대방에게 와달라고 말하는 표현이다. 이쪽에서 가능한 다른 시간을 제시할 경우에는 午後6時から1時間くらい時間が取れます。(오후 6시부터 1시간 정도 시간을 낼 수 있습니다.) 라고 말한다.

Words
- 助(たす)かる 도움이 되다, 편해지다 • 来社(らいしゃ) 내사 • 時間(じかん)を取(と)る 시간을 내다

In More Depth 한걸음 더

지인을 소개할 때의 표현
자신이 직접 만나거나 연락할 수 없어서 다른 사람을 소개하는 표현을 알아보자.

- 私の部下の田中がこの件について貴殿からご意見をお伺いしたいそうです。本人から直接連絡させますので、よろしくお願いします。
  제 부하직원 다나카가 이 건에 대해 귀하로부터 의견을 듣고 싶다고 합니다. 본인이 직접 연락하도록 할 테니 잘 부탁드립니다.

- 私の部下の田中がぜひお会いしたいと申しております。お忙しいとは思いますが、お時間を割いていただけないでしょうか。
  제 부하직원 다나카가 꼭 만나고 싶다고 합니다. 바쁘신 줄은 알지만, 시간을 내 주실 수 있으세요?

Words
- 割(さ)く 쪼개다

Quiz 이런 경우에는 일본어로 어떻게 표현?

Q1. できましたら、一度お会いして貴社の新技術について直接お話を▮▮▮▮たいのですが、いかかでしょうか。
괜찮으시면 한번 만나 뵙고 귀사의 신기술에 대해 직접 이야기를 나누고 싶은데, 어떠신가요?

Q2. その時間なら空いていますので、大丈夫です。ところで、弊社の営業部長も一緒に▮▮▮▮たいのですが、よろしいでしょうか。
그 시간이라면 비어 있어서 괜찮습니다. 그런데 저희 회사의 영업부장도 함께 가고 싶은데 괜찮으시겠습니까?

Q3. 8月17日月曜日の午後は時間が空いていますので、もし可能なら、弊社に▮▮▮▮くだされば助かります。
8월 17일 월요일 오후는 시간이 비어 있으니 만약 가능하다면 저희 회사로 와주신다면 고맙겠습니다.

Answer
Q1 伺い   Q2 伺い   Q3 お越し

Exercise 한일 번역 도전!

Ex1. 이전부터 귀사의 활약에 관심을 가지고 있습니다. 가능하면 한번 만나서 이야기를 나누고 싶은데 어떠세요?

Ex2. 그 시간이라면 비어 있어서 괜찮습니다. 그런데 부하직원인 스즈키도 동석하고 싶은데 괜찮으세요?

Ex3. 내일 오후라면 1시간 정도 시간을 낼 수 있습니다. 저희 회사로 오실 수는 없으신가요?

Answer

Ex1 '한번 만나서'는 一度お会いして

以前より貴社のご活躍に関心を持っておりました。できましたら、一度お会いしてお話を伺いたいのですが、いかがでしょうか。

　만남을 요청할 때는 できましたら、一度お会いしてお話を伺いたいのですが~로 표현한다. 以前よりとは かねてより로 바꿔 쓸 수 있다.

Ex2 '비어 있습니다'는 空いています

その時間なら空いていますので、大丈夫です。ところで、部下の鈴木も同席したいのですがよろしいですか。

　흔쾌히 승낙할 경우에는 もちろんです。どうぞお構いなく。(물론입니다. 좋으실 대로 하십시오.)로 표현할 수 있다. 친구 사이라면 もちろん。構わないよ。(물론이지. 상관없어.) 라고 한다.

Ex3 '오실 수 없으신가요?'는 お越しいただけませんでしょうか

明日の午後でしたら1時間ぐらい時間が取れます。弊社にお越しいただけませんでしょうか?

　'시간을 낼 수 있다'는 時間が取れる라고 한다. '저희 회사로 오실 수 없으신가요?'는 弊社にお越しいただけませんでしょうか?로 표현한다.

Lesson 17 만날 약속을 조정하는 메일 쓰기

Point 1 장소를 바꾸고 싶다면?
Point 2 날짜와 시간을 바꾸고 싶다면?
Point 3 약속을 변경하거나 취소하고 싶다면?

약속은 지키라고 하는 것이지만 업무를 하다 보면 약속을 정해 놓고도 불가피한 사정으로 약속을 깨야 하는 상황이 생기기 마련이다. 이 과에서는 만날 장소를 바꿀 때, 날짜와 시간을 바꿀 때, 약속을 조정해야 할 때 등 약속에 관한 표현을 알아보자.

送信者: gdhong@mycompany.com
宛先: yamadatarou@yourcompany.com
件名: 打ち合わせの件

山田株式会社　営業部
山田太郎様

いつもお世話になっております。
申し訳ありませんが、今週の打ち合わせを来週にしていただけませんか。
急な変更でご迷惑をおかけしますが、どうぞよろしくお願いいたします。

(株)韓国商事　営業部　ホン・ギルドン
TEL：82-2-337-3053
FAX：82-2-337-3054

●●● 미팅 건

항상 신세 지고 있습니다. 죄송합니다만, 이번 주 미팅을 다음 주로 바꿀 수 없을까요?
급하게 변경해서 폐를 끼치게 되었습니다만 아무쪼록 잘 부탁드립니다.

Point 1   장소를 바꾸고 싶다면?

 '장소는 어디로 할까요?'는 場所はどちらにいたしましょうか？

> 来週の打ち合わせの件ですが、場所はどちらにいたしましょうか。
> 다음 주 미팅 건 말입니다만, 장소는 어디로 할까요?

미팅 장소를 묻는 일반적인 표현이다. 場所はどちらにいたしましょうか。(장소는 어디로 할까요?)라고 직접적으로 물어도 좋고, どこかお勧めの場所はございますか。(어딘가 추천할 장소는 있습니까?)라고 추천할 장소를 묻거나, どこか特定の場所をすでにお考えでしたら、教えてください。(어딘가 미리 생각해 두신 다른 특정 장소가 있다면 알려 주세요.)라고 묻는 방법도 있다.

> こちらから伺いましょうか。それとも、こちらにお越しいただくことは可能ですか。
> 제 쪽에서 찾아뵐까요? 아니면 이쪽으로 오실 수 있으신가요?

미팅 장소가 여러 곳일 때 상대의 의향을 묻는 표현이다. 만나는 장소를 제시하고 どちらがよいでしょうか。(어느 쪽이 좋으신가요?)라고 상대방의 의향을 물을 수도 있다. 打ち合わせの場所は貴社と弊社の、どちらが都合がよいでしょうか。(미팅 장소는 귀사와 당사 중 어느 쪽이 괜찮으신가요?)라고 상대방이 선택할 수 있게 예를 들어줄 수도 있다. 만약 상대방의 회사에서 만나자고 할 때는 打ち合わせの場所は貴社ではいかがでしょうか。(미팅 장소는 귀사가 어떠신가요?)라고 하고, 회사로 와달라고 할 때는 弊社ではいかがでしょうか。(저희 회사는 어떠신가요?)라고 하면 된다.

> 打ち合わせの件ですが、わが社の近くのカフェはいかがでしょうか。
> 미팅 건 말입니다만, 우리 회사 근처 카페는 어떠신가요?

미팅을 회사가 아닌 다른 장소에서 해야 되는 경우에 쓸 수 있는 표현이다. わが社の近くのカフェ 대신 日本ホテルのロビー(일본호텔 로비) 등 장소를 교체하여 얼마든지 응용 가능하다.

Words
- 伺(うかが)う 찾아뵙다 • お越(こ)し 가심, 오심

Point 2 날짜와 시간을 바꾸고 싶다면?

 '적당한 날'은 ご都合のよい日

> ビジネスメールシチュエーション **1**
>
> 来週はどの時間帯も空いています。ご都合のよい日をお知らせください。
> 다음 주는 어느 시간대나 비어 있습니다. 적당한 날을 알려 주세요.

 '적당한 날짜와 시간을 알려 주세요'라고 날짜와 시간을 조정하고 싶을 때는 '사정이 좋은 날을 알려 주세요'라는 뜻인 ご都合のよい日をお知らせください로 쓴다.

> ビジネスメールシチュエーション **2**
>
> 来週はすべて塞がっていますが、再来週なら空いています。はっきりした日時が決まりましたら、ご連絡ください。
> 다음 주는 스케줄이 꽉 차 있습니다만, 그 다음 주라면 괜찮습니다. 확실한 날짜가 정해지면 연락 주세요.

 상대가 제시한 날짜와 시간에 사정이 좋지 않아서 다른 날짜와 시간을 타진할 때 쓰는 기본적인 표현이다. '스케줄이 꽉 차 있습니다'는 すべて塞がっていますっています라고 쓰면 된다.

> ビジネスメールシチュエーション **3**
>
> 打ち合わせの件ですが、来週の10月1日月曜日の10時はいかがでしょうか。
> 미팅 건 말입니다만, 다음 주 10월 1일 월요일 10시는 어떠신가요?

 자신이 날짜를 지정해서 상대방의 의견을 묻는 표현이다. 상대에게 특정한 시간대에 만날 것을 제안할 때는 ～はいかがでしょうか 앞에 특정 날짜를 넣어서 표현한다. ～ですが、ご都合はいかがでしょうか。라고 말할 수도 있다.

Words
- 空(あ)く 비다 • 塞(ふさ)がる 차다, 이미 차 있어 여유가 없다 • 日時(にちじ) 일시 • 決(き)まる 결정되다, 정해지다
- ～はいかがでしょうか ～는 어떤가요?

Point 3   약속을 변경하거나 취소하고 싶다면?

 '변경해 주시지 않겠습니까?'는 変更していただけませんか

ビジネスメールシチュエーション ❶

> すみませんが、来週は都合が悪くなりました。10月5日金曜日に変更していただけませんか。
> 죄송합니다만, 다음 주는 사정이 좋지 않게 됐습니다. 10월 5일 금요일로 변경해 주시지 않겠습니까?

> 아무리 급한 일이 있다고 해도 직접적으로 急な仕事が入りました。(급한 일이 생겼습니다.)와 같이 쓰면 상대방이 본인과의 약속은 급하지 않다고 오해할 수도 있으므로, 만약 급한 일이 생겼다면 どうしても抜けられない用事ができまして(아무리해도 빠져 나올 수 없는 일이 생겨서) 혹은 急な出張が入りまして(급한 출장이 잡혀서) 등으로 표현하는 것이 좋다.

ビジネスメールシチュエーション ❷

> 申し訳ありませんが、今週の打ち合わせを来週にしていただけませんか。急な変更でご迷惑をおかけしますが、どうぞよろしくお願いします。
> 죄송합니다만, 이번 주 미팅을 다음 주로 바꿀 수 없을까요? 급하게 변경을 해서 폐를 끼치게 되었습니다만 아무쪼록 잘 부탁드립니다.

 ~ていただけませんか는 '~해 주실 수 없을까요?'라는 의미로 의뢰를 하는 표현이다. ~てもらえませんか 보다는 ~てくださいませんか가, ~てくださいませんか 보다는 ~ていただけませんか가 더 정중한 표현이다.

ビジネスメールシチュエーション ❸

> 明日貴殿をお訪ねする予定でしたが、できなくなってしまいました。来週の水曜日はいかがでしょうか。
> 내일 귀하를 찾아뵐 예정이었지만 그럴 수 없게 됐습니다. 다음 주 수요일은 어떠신가요?

 できなくなってしまいました는 '그럴 수 없게 됐습니다'란 의미이다. 만약 '급한 일이 생겨서 회의에 출석할 수 없게 되었습니다'라고 하고 싶을 때는 急用ができまして、会議に出席できなくなりました라고 하면 된다.

Words
- どうしても 아무리 해도 ・抜(ぬ)ける 빠지다 ・変更(へんこう) 변경 ・訪(たず)ねる 찾다, 방문하다

In More Depth 한걸음 더

부득이하게 약속을 취소해야 할 때의 표현

약속을 취소할 때는 キャンセルしなければならなくなりました, キャンセルしていただけませんか, キャンセルせざるを得なくなってしまいました, お会いすることができなくなってしまいました와 같은 정중한 말로 상대의 기분을 상하지 않게 하는 것이 좋다.

- 大変ご迷惑をおかけいたしますが、明日の面会をキャンセルせざるを得なくなってしまいました。
  대단히 죄송합니다만, 내일 면회를 취소하지 않으면 안 되게 되었습니다.
- 申し訳ございませんが、急きょ不都合が生じ、お会いすることができなくなってしまいました。
  죄송합니다만, 급한 일이 생겨 만날 수가 없게 되었습니다.

Words
- 迷惑(めいわく)をかける 폐를 끼치다
- 急(きゅう)きょ 급거, 허둥지둥
- 不都合(ふつごう) 형편이 좋지 않음
- 生(しょう)じる 발생하다, 생기다

Quiz 이런 경우에는 일본어로 어떻게 표현?

Q1. 来週の打ち合わせの件ですが、場所は _____。
다음 주 미팅 건 말입니다만, 장소는 어디로 할까요?

Q2. 来週はどの時間帯も _____ います。_____ 日をお知らせください。
다음 주는 어느 시간대라도 비어 있습니다. 적당한 날을 알려 주세요.

Q3. すみませんが、来週は _____。10月5日金曜日に変更していただけませんか。
죄송합니다만, 다음 주는 사정이 좋지 않게 됐습니다. 10월 5일 금요일로 변경할 수 없을까요?

Answer
Q1 どちらにいたしましょうか Q2 空いて, ご都合のよい Q3 都合が悪くなりました

Exercise 한일 번역 도전!

Ex1. 내일 미팅 건 말입니다만, 장소는 어디가 좋을까요?

Ex2. 다음 주는 스케줄이 꽉 차 있습니다만, 다음 주 3월 17일 수요일 10시라면 비어 있습니다.

Ex3. 내일 귀하와 점심식사를 함께 할 예정이었는데 모레 오후 7시로 변경해 주실 수 없겠는지요?

Answer

Ex1 '~입니다만'은 ~ですが
明日の打ち合わせの件ですが、場所はどちらにしましょうか。
　打ち合わせの場所는 '미팅 장소'를, 待ち合わせの場所는 '만날 장소'를 의미한다. '미팅을 하다'는 打ち合わせをする로, '장소를 정하다'는 場所を決める로 표현한다.

Ex2 정중하게 거절한 후에는 다른 가능한 날짜를 제시한다.
来週はすべて塞がっていますが、水曜日の10時なら空いています。
　'모든 스케줄이 꽉 차 있습니다'는 すべて塞がっていますいいだ. '다음 주 3월 17일 수요일 10시'는 来週の3月17日水曜日の10時로 쓴다.

Ex3 변경을 부탁할 때는 의문문으로 ~に変更していただけないでしょうか
明日、貴殿と昼食をご一緒する予定でしたが、明後日の午後7時に変更していただけないでしょうか。
　정해진 약속을 변경하고 싶을 때는 すみません 혹은 申し訳ありませんが, 申し訳ございませんが와 같은 말을 한마디 덧붙여 주면 좋다. 참고로 '죄송합니다만, 다음 주 참석 예정이었던 ~에 참석할 수 없게 되었습니다'는 申し訳ありませんが、来週参加を予定していた~に出席できなくなりました라고 한다.

日本語
ビジネスeメール
10분 투자로 메일의 달인 되는법

비즈니스 실무에 들어가 직접 프로젝트를 맡아 진행하게 되면 간단한 일본어 표현도 쉽게 안 나와서 당황하기 쉽다. Part5에서는 프로젝트 일정을 관리할 때, 문의나 확인 메일을 쓸 때, 문제 상황에 대한 메일을 쓸 때 등 프로젝트에 관련된 구체적인 메일 표현을 알아본다.

Part 5 프로젝트편

- **Lesson 18** 프로젝트 일정 관리 메일 쓰기
- **Lesson 19** 프로젝트 진행 과정 속의 문의 메일 쓰기
- **Lesson 20** 프로젝트 진행 과정 속의 확인 메일 쓰기
- **Lesson 21** 프로젝트 진행 과정 속의 문제 메일 쓰기

Lesson 18 프로젝트 일정 관리 메일 쓰기

Point 1 프로젝트의 일정을 체크하고 싶다면?
Point 2 프로젝트의 진행 상황을 체크하고 싶다면?
Point 3 프로젝트의 목표를 환기시키고 싶다면?

프로젝트에 있어 일정 관리는 생명이라고 할 수 있다. 이 과에서는 프로젝트를 맡아 일정을 관리하고 진행할 때 필요한 메일 표현을 알아보자.

送信者: gdhong@mycompany.com
宛先: yamadatarou@yourcompany.com
件名: スケジュール報告

山田株式会社　営業部
山田太郎様

いつもお世話になっております。ホン・ギルドンです。
今月の主なスケジュールは、プロジェクトオリエンテーション、現地視察、プロジェクトミーティングです。

(株)韓国商事　営業部　ホン・ギルドン
TEL：82-2-337-3053
FAX：82-2-337-3054

●●● 스케줄 보고

항상 신세 지고 있습니다. 홍길동입니다. 이달의 주요스케줄은 프로젝트 오리엔테이션, 현지시찰, 프로젝트 미팅입니다.

Point 1 프로젝트의 일정을 체크하고 싶다면?

 '스케줄에 따라'는 スケジュールに沿って

ビジネスメールシチュエーション ①

以下のスケジュールに沿ってプロジェクトを進めますので、ご協力ください。
아래 스케줄에 따라 프로젝트를 진행할 예정이므로 협조해 주세요.

 스케줄을 알려주면서 협력을 요청하는 표현이다. 〜に沿って는 명사 뒤에 접속하여 '〜에 따라'라는 의미를 가진다. '계획, 방침'과 같은 추상적인 개념부터 '길, 강'과 같은 물리적인 개념에도 쓴다.

ビジネスメールシチュエーション ②

今回のプロジェクトのスケジュールは、おおむね次のようになっています。ご参照ください。
이번 프로젝트의 스케줄은 대강 다음과 같습니다. 참조해 주세요.

 스케줄을 전달할 때 쓰는 기본 표현이다. スケジュール는 予定로 바꿔 쓸 수 있으며, おおむね는 '대개, 대강'이라는 뜻이다. 뒷부분에 ご参照ください와 같은 말을 붙여도 좋다.

ビジネスメールシチュエーション ③

今月の主なスケジュールは、プロジェクトオリエンテーション、現地視察、プロジェクトミーティングです。
이달의 주요 스케줄은 프로젝트 오리엔테이션, 현지시찰, 프로젝트 미팅입니다.

 스케줄을 자세하게 설명하는 표현이다. 主な는 '주된, 주요한'이란 뜻으로 설명할 때 자주 쓸 수 있는 말이다.

Words
- 進(すす)める 진행하다 ● おおむね 대체, 대강 ● 主(おも) 주요함, 주됨 ● 現地視察(げんちしさつ) 현지사찰

Point 2 프로젝트의 진행 상황을 체크하고 싶다면?

 '진행 상황은 어떤가요?'는 進み具合はいかがでしょうか？

ビジネスメールシチュエーション 1

この開発プロジェクトの最近の進み具合はいかがでしょうか。
이 개발 프로젝트의 최근 진행 상황은 어떤가요?

 진행 상황을 묻는 일반적 표현이다. '어떻게 진행되고 있습니까?'는 どのようになっていますかと라고 하고 뒤에 お知らせいただければ助かります。(알려 주시면 고맙겠습니다.)라는 말을 덧붙여도 좋다.

ビジネスメールシチュエーション 2

この開発プロジェクトの進み具合について、メールで常時お知らせください。
이 개발 프로젝트의 진행 상황에 대해 메일로 계속 알려 주세요.

 진행 상황을 그때마다 메일로 받고자 할 때 쓸 수 있는 표현이다. '~에 대해 메일로 계속 알려 주세요'는 ～について、メールで常時お知らせください로 쓰면 된다. 혹은 何か進展がありましたら、その都度教えてください。(무슨 진전이 있으면 그때마다 알려 주세요.), その都度ご連絡ください。(그때마다 연락 주세요.)라고 쓸 수도 있다.

ビジネスメールシチュエーション 3

今回のプロジェクトに関して、現状での問題点を洗い出してみてください。
이번 프로젝트에 관한 현재의 문제점을 파악해 주세요.

 洗い出す라는 단어는 '자세하게 조사해서 사실을 명확하게 하다'라는 의미로, 問題点を洗い出す。(문제점을 파악하다.), 容疑者の行動を洗い出す。(용의자의 행동을 모조리 밝혀내다.)와 같이 쓴다.

Words
- 進(すす)み具合(ぐあい) 진척상황 ・常時(じょうじ) 언제나, 항상 ・都度(つど) 그때마다, 할 때마다
- 洗(あら)い出(だ)す 철저히 밝혀내다

Point 3   프로젝트의 목표를 환기시키고 싶다면?

 '~의 목적은 ~입니다'는 ~の目的は~ことです

ビジネスメールシチュエーション

今回の会議の目的は、この新商品の品質を向上させることです。
이번 회의 목적은 이 신상품의 품질을 향상시키는 것입니다.

 ~の目的は~ことです。(~의 목적은 ~하는 것입니다.)는 목적을 전달하고 싶을 때 쓰는 기본 표현이다. 品質を向上させることです는 줄여서 品質向上です라고 써도 된다.

ビジネスメールシチュエーション

ここ一ヶ月以内に、新商品を開発することが我々の目標です。
앞으로 한달 이내에 신상품을 개발하는 것이 우리들의 목표입니다.

 ~することが我々の目標です。(~하는 것이 우리들의 목표입니다.)는 목표를 알리고 싶을 때 쓰는 표현이다. 위 문장은 ~社との商談を成立させることが我々の目的です。(~사와의 상담을 성립시키는 것이 우리의 목적입니다.)와 같이 응용하여 표현할 수도 있다.

ビジネスメールシチュエーション

わが社の社長のモットーは安全第一です。
우리 회사 사장님의 모토는 안전제일입니다.

 목표를 전달할 때 쓰는 간단한 표현 중 하나이다. 위 문장은 わが社の今年の目標は売上高20%増です。(우리 회사의 올해 목표는 매상 20% 증가입니다.)와 같이 응용하여 표현할 수 있다.

Words
- 品質(ひんしつ) 품질 ・ 向上(こうじょう)させる 향상시키다 ・ モットー 모토

In More Depth 한걸음 더

미팅 진행에 관한 표현
프로젝트를 진행할 때 빠질 수 없는 것이 여러 사람들이 모이는 미팅이다. 미팅 진행과 관련된 표현을 살펴보자.

- 打ち合わせの準備ができ次第、ご連絡ください。
  미팅 준비가 되는 대로 연락 주세요.
- 打ち合わせが終わりましたら、その日のうちに議事録を私にメールしてください。
  미팅이 끝나면 그날 안에 의사록을 내게 메일로 보내 주세요.
- 打ち合わせの5分前には第2会議室までお集まりください。
  미팅 5분 전에는 제2회의실에 모여 주세요.

Words
- 議事録(ぎじろく) 의사록

Quiz 이런 경우에는 일본어로 어떻게 표현?

Q1. 以下のスケジュール _____ プロジェクトを _____ ので、ご協力ください。
　　아래 스케줄에 따라 프로젝트를 진행할 예정이므로 협조해 주세요.

Q2. この開発プロジェクトの最近の進み具合は _____ 。
　　이 개발 프로젝트의 최근 진행 상황은 어떤가요?

Q3. 今回の会議の目的は、この新商品の品質を _____ ことです。
　　이번 회의의 목적은 이 신상품의 품질을 향상시키는 것입니다.

Answer
Q1 に沿って, 進めます　Q2 いかがでしょうか　Q3 向上させる

Exercise 한일 번역 도전!

Ex1. 이번 프로젝트는 첨부한 스케줄에 따라 진행하오니 협조해 주십시오.

Ex2. 귀하가 관리하고 있는 개발 플랜 말입니다만, 최근 진행 상황은 어떤가요?

Ex3. 본 계획의 주된 목적은 당사 상품의 시장 점유율을 확대하는 것입니다.

Answer

Ex1 '~에 따라'는 ~に沿って
今回のプロジェクトは添付したスケジュールに沿って進めますので、ご協力ください。
ご協力ください 부분에 '참고해 주세요'라고 말하고 싶을 때는 参考にしてください라는 표현을 쓰면 된다.

Ex2 '~은 어떤가요?'는 ~はいかがでしょうか
貴殿が管理している開発プランですが、最近の進み具合はいかがでしょうか。
진행 상황을 물을 때의 일반적 표현으로 뒤에는 お知らせいただければ助かります。(알려 주시면 고맙겠습니다.) 와 같은 말이 올 수 있다.

Ex3 '주된 목적은'은 主な目的は
本計画の主な目的は、当社の商品の市場シェアを拡大することです。
주된 목적을 알리는 대표적 표현이다. '시장 점유율을 높이다'는 市場シェアを拡大する라고 표현한다. '시장 점유율'은 市場占有率보다는 市場シェア로 쓰며, シェアする(나눈다)도 자주 쓰는 표현이므로 알아두면 편리하다.

Lesson 19 프로젝트 진행 과정 속의 문의 메일 쓰기

Point 1 "질문 들어갑니다" 패턴
Point 2 "답변 여기 있습니다" 패턴
Point 3 "여기도 질문 있습니다" 패턴

프로젝트를 풀어나가는 열쇠는 대화이다. 이 과에서는 프로젝트 진행 과정에서 생길 수 있는 의문점에 관한 구체적 질문과 그에 관한 답변 표현을 알아보자.

送信者: gdhong@mycompany.com
宛先: yamadatarou@yourcompany.com
件名: 商品のお問い合わせの件

山田株式会社　営業部
山田太郎様

初めてご連絡いたします。(株)韓国商事で営業を担当しておりますホン・ギルドンと申します。
御社が発売している商品に興味があるのですが、
何か詳しい資料は用意されていますか。

(株)韓国商事　営業部　ホン・ギルドン
TEL：82-2-337-3053
FAX：82-2-337-3054

●●● 상품 문의 건

처음으로 연락드립니다. (주)한국상사에서 영업을 담당하고 있는 홍길동이라고 합니다.
귀사가 발매한 상품에 흥미가 있습니다만, 뭔가 상세한 자료는 준비되어 있습니까?

Point 1 "질문 들어갑니다" 패턴

 '준비되어 있습니까?'는 用意されていますか

ビジネスメールシチュエーション ①

御社が発売している商品に興味があるのですが、何か詳しい資料は用意されていますか。
　　　　귀사가 발매한 상품에 흥미가 있습니다만, 뭔가 상세한 자료는 준비되어 있습니까?

 문의할 때의 표현으로 일단 ~に興味があるのですが로 관심을 표현하고, ~は用意されていますか로 원하는 자료나 샘플 등을 문의하는 표현이다. 何か詳しい資料は用意されていますか는 もっと詳しい資料はありませんか。(더 상세한 자료는 없습니까?)로 응용할 수 있다.

ビジネスメールシチュエーション ②

先日注文した部品がまだ届いていないのですが、もう出荷されていますでしょうか。
　　　　일전에 주문한 부품이 아직 도착하지 않는데, 이미 출하하신 건가요?

 아직 도착하지 않는 물품에 대한 질문 표현이다. ~ないのですが는 '~않있는데'라는 뜻으로 부드럽게 연결해주는 다리 역할을 하고 있다. 혹시 이미 발송했을지도 모를 때를 대비한 표현은 もしすでに出荷済みでしたらすみません。(혹시 이미 보내셨다면 죄송합니다.), 行き違いになりましたら、申し訳ありません。(엇갈렸다면 죄송합니다.)와 같이 쓰면 된다.

おおまかな費用と納期を見積もっていただけますか。
　　　　대략적인 비용과 납기일의 견적을 내 주시겠습니까?

 おおまかな는 '대략적인, 대강의'라는 뜻, 見積もる는 '견적서를 내다'라는 뜻이다. 회화에서 見積もる는 どう見積もってみてもだめです。(아무리 견적을 내도 안 됩니다.), 見積もってみたんです。(견적을 내 보았습니다.)와 같이 쓴다.

Words
- 御社(おんしゃ) 귀사 • 発売(はつばい) 발매 • 用意(ようい) 준비, 대비 • 出荷(しゅっか) 출하 • ~済(ず)み 완료됨 • 行(い)き違(ちが)い 엇갈림

Point 2 "답변 여기 있습니다" 패턴

'~에 대한 문의'는 ~についてのお問い合わせ

ビジネスメールシチュエーション

当社が販売している**製品についてのお問い合わせですが、**それは当社の銀座店で販売しています。

당사가 판매하고 있는 **제품에 대한 문의 말입니다만,** 그것은 당사의 긴자점에서 판매하고 있습니다.

> 문의에 대답할 때는 ~についてのお問い合わせですが~로 시작해서 말하면 된다. ご質問の件についてご回答いたします. (질문 건에 대한 답변드립니다.)의 의미이다.

ビジネスメールシチュエーション

先週、お問い合わせになった製品の名前は以下の通りです。

저번 주 문의하신 제품의 이름은 다음과 같습니다.

> 문의에 대한 답변으로 '문의하신~'은 お問い合わせになった~를 쓴다. 이 표현은 お問い合わせのあった~(문의가 있었던~), お問い合わせいただいた~(문의 주신~)로 바꿀 수 있다. '메일로 문의하신~', '전화로 문의하신~'은 メールでお問い合わせになった~, 電話でお問い合わせになった~로 쓰면 된다.

ビジネスメールシチュエーション

昨日お問い合わせいただいた件につきましては、企業秘密のため、お答えすることができません。

어제 문의하신 건에 대해서는 기업비밀이라서 답을 드릴 수가 없습니다.

> 문의한 내용에 대해 답할 수 없을 경우 정중하게 거절하는 표현이다. '~에 대해서는'를 ~については 외에도 위와 같이 ~につきましては로 표현할 수도 있다. 또는 아직 확인 중이라서 기다려 달라고 말하고 싶을 때는 只今確認しておりますので、少々お待ちください. (지금 확인 중이므로 조금 기다려 주세요.)와 같이 표현한다.

Words
- 製品(せいひん) 제품
- 企業秘密(きぎょうひみつ) 기업비밀
- 只今(ただいま) 지금, 현재

Point 3 "여기도 질문 있습니다" 패턴

'이번에'는 この度

ビジネスメールシチュエーション

この度は、10月12日付けで弊社の新製品についてのお問い合わせをメールでいただき、ありがとうございました。
> 이번에 10월 12일자로 저희 회사의 신제품에 대한 문의 메일을 주셔서 감사드립니다.

 거래처나 고객으로부터 온 메일을 언급하면서 감사하는 답변 표현이다. '~일자'는 ~付け를 쓴다.

ビジネスメールシチュエーション

ご質問にお答えする前に、お客様のお持ちの機械がどんな機種なのかをお教えください。
> 질문에 답하기 전에 손님이 갖고 계신 기계가 어떤 기종인지를 알려 주세요.

 일반 소비자로부터 온 질문에 의문점이 생겨서 추가로 질문하는 표현이다. お客様のお持ちの機械가는 お客様のお手元にある機械が(손님 앞에 있는 기계가), お客様のお買いになった機械が(손님이 사신 기계가) 등으로 응용할 수 있다.

ビジネスメールシチュエーション

お買いになった商品の付属品をどこで購入できるかのご質問ですが、わが社のホームページにてお求めになれます。
> 구입하신 상품의 부속품을 어디서 구할 수 있는지에 관한 질문입니다만, 저희 회사의 홈페이지에서 구할 수 있습니다.

 문의에 대한 구체적인 답변을 쓴 표현이다. ~にては ~で와 같은 표현으로 여기서는 구입 경로 나타낸다. 제품에 관한 자세한 문의에 대해서는 동봉한 설명서를 참고하라고 말하고 싶을 때는 同封の説明書に詳しく書かれておりますので、ご参照ください。(동봉한 설명서에 자세하게 쓰여 있으므로 참고해 주세요.)라고 한다.

Words
- ~付(つ)け ~일자, 날짜 • 弊社(へいしゃ) 저희 회사 • 手元(てもと) 손이 미치는 범위, 바로 옆 • 同封(どうふう) 동봉

In More Depth 한걸음 더

각종 예약과 의뢰 관련 표현

- 10月1日ソウル便のチケットの予約をお願いいたします。
  10월 1일 서울편 티켓의 예약을 부탁드립니다.
- 10月1日水曜日の午後2時に山田氏の名前で会場を予約していただけますか。人数は30人ぐらいの見込みです。
  10월 1일 수요일 오후 2시에 야마다 씨의 이름으로 회장을 예약할 수 있습니까? 인원수는 30명 정도로 예상됩니다.
- 貴社の製品を注文したいと思いますので、カタログがありましたらお送りください。
  귀사의 제품을 주문하고 싶은데, 카탈로그가 있으면 보내 주세요.
- 貴社にインテリアデザインを依頼したいと思いますので、おおまかな見積りをお知らせください。
  귀사에 인테리어 디자인을 의뢰하고 싶은데 대강의 견적을 알려 주세요.

Words
- 依頼(いらい) 의뢰 ・おおまか 대략적임, 대충 ・見積(みつも)り 견적

Quiz 이런 경우에는 일본어로 어떻게 표현?

Q1. 御社が発売している商品に　　　　があるのですが、何か詳しい資料は　　　　されていますか。
    귀사가 발매한 상품에 흥미가 있습니다. 뭔가 상세한 자료는 준비되어 있습니까?

Q2. 当社が販売している製品についての　　　　　　　　ですが、それは当社の銀座店で販売しています。
    당사가 판매하고 있는 제품에 대한 문의 말입니다만, 그것은 당사의 긴자점에서 판매하고 있습니다.

Q3. この度は、10月12日　　　　弊社の新製品についてのお問い合わせをメールでいただき、ありがとうございました。
    이번에 10월 12일자로 저희 회사의 신제품에 대한 문의 메일을 주셔서 감사드립니다.

Answer
Q1 興味, 用意 Q2 お問い合わせ Q3 付けで

Exercise 한일 번역 도전!

Ex1. 귀사가 선전하고 있는 신제품에 흥미가 있습니다만, 샘플 등은 준비되어 있습니까?

Ex2. 메일로 문의가 있었던 상품 말인데요, 다음 달 발매 예정입니다.

Ex3. 3월28일자 메일로 받은 질문 말인데요, 그 전에 가지고신 기종명을 알려 주세요.

Answer

Ex1 '~은 준비되어 있습니까?'는 ~は用意されていますか
御社が宣伝されている新製品に興味があるのですが、サンプルなどは用意されていますか。
문의하고 싶은 상품의 이름을 잘 모를 경우에는 名前はよく思い出せないのですが、雑誌に掲載されていたООを注文したいのですが~(이름은 잘 기억이 나지 않습니다만, 잡지에 실렸던 ОО을 주문하고 싶습니다만~)와 같이 표현한다.

Ex2 '문의하신'은 お問い合わせのあった
メールでお問い合わせのあった商品の件ですが、それは来月、発売の予定です。
メールでお問い合わせのあった~는 メールでお問い合わせになった~、メールでお問い合わせいただいた~로 바꿔 말할 수 있다.

Ex3 '~일자의 ~로 받은 ~말인데요'는 ~付けの~でいただいた~ですが
3月28日付けのメールでいただいたご質問の件ですが、その前にお手元にある機械の機種名をお知らせください。
질문에 대한 답변은 날짜부터 언급하는 것이 기본이다. 대답에 앞서 질문을 하고 싶을 때는 그 전에 ~をお知らせください。(~을 알려주세요.)를 쓴다. 또는 확인을 요청하는 표현인 ご確認いただけますか。(확인해 주시겠어요?)를 쓸 수도 있다.

Lesson 20 프로젝트 진행 과정 속의 확인 메일 쓰기

Point 1 혹시나 하는 표현
Point 2 "이것만은 기억해 줘요" 표현
Point 3 "돌다리도 두드리고 건너라" 표현

비즈니스를 하다 보면 사소한 이해 차이로 인해 생각지도 않은 문제가 생길 수 있다. 더구나 모국어가 아닌 일본어로 비즈니스를 할 경우라면 커뮤니케이션에 문제가 발생하지 않도록 사소한 일이라도 여러 번 확인을 거쳐야 한다. 이 과에서는 프로젝트 진행 과정 속의 확인 메일 표현을 알아보자.

送信者　gdhong@mycompany.com

宛先　yamadatarou@yourcompany.com

件名　プロジェクトに関する確認メール

山田株式会社　営業部
山田太郎様

いつもお世話になっております。
先日の打ち合わせの内容を確認させていただくと、今回のプロジェクトに参加する会社は3社、と考えてよろしいですか。

(株)韓国商事　営業部　ホン・ギルドン
TEL：82-2-337-3053
FAX：82-2-337-3054

●●● 프로젝트에 관한 확인 메일

항상 신세 지고 있습니다. 일전의 미팅 내용을 확인하고자 하는데, 이번 프로젝트에 참여하는 회사는 3사라고 생각하면 되겠습니까?

Point 1 혹시나 하는 표현

 '확인 좀 하고 싶은데요'는 ちょっと確認したいのですが

ビジネスメールシチュエーション

ちょっと確認したいのですが、山田さんはこのプロジェクトに積極的に関わりたい、とおっしゃっているのですか。

확인 좀 하고 싶은데요, 야마다 씨는 이 프로젝트에 적극적으로 참여하고 싶다는 말씀이신가요?

 ちょっと確認したいのですが~(확인하고 싶어서 그러는데요~)로 혹시나 오해가 없는지 확인하고 싶을 때 쓰는 표현이다. 確認のため、メール差し上げました。(확인 차 메일드립니다.)라고도 표현할 수 있다.

ビジネスメールシチュエーション

先日の打ち合わせの内容を確認させていただくと、今回のプロジェクトに参加する会社は3社、と考えてよろしいですか。

일전의 미팅 내용을 확인하자면 이번 프로젝트에 참여하는 회사는 3사라고 생각하면 되겠습니까?

 어떤 내용을 본인이 정확하게 이해했는지 상대방에게 확인하는 표현이다. ~を確認させていただくと는 ~を確認しますと(~을 확인하면)라는 의미이다. ~ということでよろしいですか는 '~라고 생각됩니다만, 맞습니까?'라는 의미를 내포하고 있다.

ビジネスメールシチュエーション

新製品の宣伝はA社に全面的に任せるということと理解しましたが、これでよろしいですか。

신제품의 선전은 A사에 전면적으로 맡긴다는 내용으로 이해했습니다만, 맞습니까?

 ~と理解しましたが、これでよろしいですか는 자신이 잘 이해하고 있는지 상대방에게 확인하는 표현으로 직역하면 '~로 이해했습니다만, 이것으로 좋습니까?'지만, 의역하면 '~로 이해했습니다만, 맞습니까?'이다. 이 말은 ~ということでよろしいでしょうか。(~라고 생각하면 되겠습니까?)라고 해도 된다.

Words
- 関(かか)わる 관계되다 • 先日(せんじつ) 요전(날) • 任(まか)せる 맡기다

Point 2 "이것만은 기억해 줘요" 표현

상대가 잊지 않도록 무언가를 알려주고 싶을 때는 確認のお知らせです

ビジネスメールシチュエーション

打ち合わせ場所変更の確認のお知らせです。2階の会議室から5階の会議室に変更になりました。

미팅 장소 변경의 확인을 위한 메일입니다. 2층 회의실에서 5층 회의실로 변경되었습니다.

~の確認のお知らせです。(~의 확인을 위한 메일입니다.)는 상대가 잊지 않도록 정보를 제공하는 형태로 넌지시 확인시켜 주는 표현이다.

ビジネスメールシチュエーション

明日のA社とのプロジェクト会議では、英語が公用語になっていることをお忘れないようお願いします。

내일 A사와의 프로젝트 회의에서는 영어가 공용어라는 사실을 잊지 않도록 해 주세요.

상대가 잊지 않도록 재차 정보를 알려줄 때 쓰는 표현으로 사내 메일에서 쓸 수 있는 표현이다. ~になっていることをお忘れないようお願いします는 ~になっていますので、ご注意ください。(~하게 되어 있으므로, 주의해 주세요.)라는 의미이다.

ビジネスメールシチュエーション

ご存知だとは思いますが、部長が海外出張のため、会議に参加できないことを一応、ご連絡差し上げておきます。

알고 계시리라고 생각합니다만, 부장님이 해외 출장이라 회의에 참석할 수 없다는 점을 일단 연락드립니다.

상대방이 알고 있는 사실을 기억하고 있는지 걱정이 되어 재차 확인할 때 쓰는 표현 중 하나이다.

Words
- **場所**(ばしょ) 장소 ・**存知**(ぞんじ) 알고 있음 ・**参加**(さんか) 참가

Point 3 "돌다리도 두드리고 건너라" 표현

 確認ですが〜로 말을 꺼낸다

ビジネスメールシチュエーション

確認ですが、打ち合わせの日付が10月17日から10月20日月曜日に変更になったとの連絡は入りましたでしょうか。
확인입니다만, 미팅 날짜가 10월 17일에서 10월 20일 월요일로 변경되었다는 연락은 들으셨는지요?

'확인 차 연락드립니다만'이란 뉘앙스로는 確認ですが〜로 시작해서 '그런 사실을 알고 있는 것이 당연하다'라고 생각해서 그 사실을 전제로 하고 다음 이야기를 하는 경우에 쓰는 표현이다. 連絡は入りましたでしょうか라는 표현은 誰かあなたに連絡しましたか. 즉, '누군가 당신에게 연락했습니까, 누군가에게 연락 들으셨는지요?'라는 의미이다.

ビジネスメールシチュエーション

3月20日の打ち合わせの主要点を確認させていただきますと、今回のプロジェクトにA社も参加する、ということでよろしいですか。
3월 20일 미팅의 주요 논점을 확인하고자 합니다만, 이번 프로젝트에 A사도 참가한다는 내용이지요?

미팅의 주요 논점을 확인하는 식으로 내용을 다시 한 번 전달하는 표현이다. 미팅이 끝난 후에 회의 내용을 요약할 때는 打ち合わせの内容をまとめさせていただきますと〜(미팅 내용을 정리하면〜)와 같이 표현한다.

ビジネスメールシチュエーション

来週の打ち合わせで簡単なプレゼンを行いたいというお考えだと思ってよろしいでしょうか。
다음 주 미팅에서 간단한 프레젠테이션을 하고 싶으시다는 의미로 생각하면 되겠습니까?

'〜로 생각하면 되겠습니까?'를 의미하는 〜と思ってよろしいでしょうか는 상대방에게 납득이나 양해를 구하면서 내용을 확인하는 표현이다. 今回のプロジェクトの参加に賛成であると思ってよろしいでしょうか. (올해의 프로젝트 참가에 찬성한다고 생각해도 되겠습니까?)와 같이 쓴다.

Words
- 主要点(しゅようてん) 주요점
- 行(おこな)う 하다, 행하다

In More Depth 한걸음 더

답장을 촉구하는 표현

답장을 재촉하는 표현 중 折り返しは 받은 즉시 답장을 요구하고 싶을 때, 이번 주 중에 받고 싶을 때는 今週中に, 오늘 중에 받고 싶을 때는 今日中に를 쓴다.

- 7月11日に出したメールの回答がまだなのですが、折り返しご連絡ください。
  7월 11일에 보낸 메일의 답장이 아직 없습니다만, 받으시면 바로 연락 주세요.
- 7月11日に出したメールの回答がまだなのですが、早急に返信してください。お願いします。
  7월 11일에 보낸 메일의 답장이 아직 없습니다만, 급히 답장 주세요. 부탁합니다.

Words
- 折(お)り返(かえ)し 받은 즉시 곧 (회답하는 모양) ・早急(そうきゅう) 조급, 몹시 급함

Quiz 이런 경우에는 일본어로 어떻게 표현?

Q1. ＿＿＿＿＿＿＿＿＿＿、山田氏はこのプロジェクトに積極的に関わりたい、とおっしゃっているのですか。
   좀 확인하고 싶은데요, 야마다 씨는 이 프로젝트에 적극적으로 참여하고 싶다는 말씀이신가요?

Q2. 打ち合わせ場所変更の＿＿＿＿＿＿＿＿＿＿です。2階の会議室から5階の会議室に変更になりました。
   미팅 장소 변경의 확인을 위한 메일입니다. 2층 회의실에서 5층 회의실로 변경되었습니다.

Q3. ＿＿＿＿＿＿＿＿＿＿、打ち合わせの日付が10月17日から10月20日月曜日に変更になったとの＿＿＿＿＿＿＿＿＿＿。
   확인입니다만, 미팅의 날짜가 10월 17일에서 10월 20일 월요일로 변경되었다는 연락은 들으셨는지요?

Answer
Q1 ちょっと確認したいのですが　Q2 確認のお知らせ　Q3 確認ですが、連絡は入りましたでしょうか

Exercise 한일 번역 도전!

Ex1. 일전의 프로젝트 회의의 내용을 확인하겠는데요, 귀사도 참가 의사가 있다고 생각하면 됩니까?

Ex2. 회의실 사용허가를 받는 것을 잊지 않도록 해 주세요.

Ex3. 야마다 씨는 3월 5일부터 10일까지 요코하마에 체류하실 예정이라고 생각하면 되겠습니까?

Answer

Ex1 '~을 확인하자면'은 ~を確認させていただくと~
先日のプロジェクト会議の内容を確認させていただくと、貴社も参加の意思がおありだと考えてよろしいでしょうか。
　～を確認させていただくと는 상대방에게 확인을 구하는 기본 표현이다.

Ex2 '잊지 않도록 해 주세요'는 お忘れないようお願いします
会議室の使用許可を取ることをお忘れないようお願いします。
　お忘れのないようお願いします는 상대의 기억을 환기시키고 싶을 때 쓴다. 회화에서는 ～をお忘れなく를 쓰는데 예를 들면 手続きをお忘れなく(수속을 잊지 않도록), 届け出をお忘れなく(신고를 잊지 않도록), 領収書をお忘れなく(영수증을 잊지 않도록)와 같다.

Ex3 '라고 생각하면 되겠습니까?'는 ～と思ってよろしいでしょうか
山田氏は3月5日から10日まで、横浜に滞在される予定である、と思ってよろしいでしょうか。
　～と思ってよろしいでしょうか(～로 생각하면 되겠습니까?)로 자신의 생각이 맞는지 확인하는 표현이다.

Lesson 21 프로젝트 진행 과정 속의 문제 메일 쓰기

Point 1 문제점을 콕 찍어 알리는 효과적 패턴
Point 2 마감기간 연장을 요청하는 효과적 패턴
Point 3 일의 중지를 알리는 효과적 패턴

일을 진행하다 보면 어떤 일이든 문제 상황에 직면하게 된다. 이 과에서는 프로젝트에 문제가 발생했을 때 쓸 수 있는 표현을 알아보자.

送信者: gdhong@mycompany.com
宛先: yamadatarou@yourcompany.com
件名: プロジェクト進行状況の件

山田株式会社　営業部
山田太郎様

こんにちは。ホン・ギルドンです。
プロジェクトの進行が遅れています。
7月30日までに問題の原因を究明して、
報告してください。

㈱韓国商事　営業部　ホン・ギルドン
TEL：82-2-337-3053
FAX：82-2-337-3054

●●● 프로젝트 진행 상황 건

안녕하세요. 홍길동입니다. 프로젝트 진행이 늦어지고 있습니다.
7월 30일안에 문제의 원인을 파악해서 보고해 주세요.

Point 1 — 문제점을 콕 찍어 알리는 효과적 패턴

 '**진행이 늦어지고 있습니다**'는 進行が遅れています

ビジネスメールシチュエーション ①

> プロジェクトの進行が遅れています。7月30日までに問題の原因を究明して、報告してください。
>
> 프로젝트 진행이 늦어지고 있습니다. 7월 30일 안에 문제의 원인을 파악해서 보고해 주세요.

 일의 진행이 늦어지고 있다는 것을 알리는 기본 표현이다. **~の進行が一ヶ月も、遅れています。**(~의 진행이 1개월이나 늦어지고 있습니다.)와 같이 일이 늦어지는 상태에 대해 구체적으로 말하며 시작할 수도 있다.

ビジネスメールシチュエーション ②

> 派遣を追加する件ですが、各社の意見調整にかなり時間がかかりそうです。
>
> 파견을 추가하는 건 말입니다만, 회사 간의 의견 조정에 상당한 시간이 걸릴 것 같습니다.

 ~に時間がかかりそうです。(~하는 데 시간이 걸릴 것 같습니다.)는 시간이 지체될 것 같다는 사실을 간접적으로 전달하는 표현이다.

ビジネスメールシチュエーション ③

> もう少しお時間をいただけたら、市場調査を徹底して、より実現可能な解決策を提案できるのですが。
>
> 조금 더 시간을 주시면, 시장조사를 철저하게 해서 보다 실현 가능한 해결책을 제안할 수 있습니다만.

 상대방에게 시간적인 여유를 요청하고 싶을 때 쓸 수 있는 표현이다. **~にするのにもう少しお時間をいただけませんか**(~하는 데 조금 더 시간을 주실 수 있으십니까?)라고도 한다.

Words
- 進行(しんこう) 진행 • 遅(おく)れる 늦어지다 • 原因(げんいん) 원인 • 究明(きゅうめい) 규명 • 報告(ほうこく) 보고
- 派遣(はけん) 파견 • 追加(ついか) 추가 • 調整(ちょうせい) 조정 • 徹底(てってい) 철저 • 解決策(かいけつさく) 해결책

Point 2   마감기간 연장을 요청하는 효과적 패턴

 '만약 가능하다면'은 もし可能であれば

ビジネスメールシチュエーション ①

> この新製品は完成間近ではありますが、もし可能であれば、あと10日間、時間をいただければと思います。
>
> 이 신제품은 완성 막바지이긴 합니다만, 만약 가능하다면 앞으로 10일간 시간을 주셨으면 합니다.

 もし可能であれば、時間をいただければと思います。(만약 가능하다면 시간을 주셨으면 합니다.)는 넌지시 시간을 연장해 달라고 요청할 때 쓴다. '～시간을 주시겠습니까?'라고 말하고 싶을 때는 時間をいただけますでしょうか라고 한다.

ビジネスメールシチュエーション ②

> 現在進行中のプロジェクトの件ですが、締切を後1ヵ月延長していただければ助かります。
>
> 현재 진행 중인 프로젝트 건 말입니다만, 마감을 1개월 연장해 주시면 고맙겠습니다.

 後～延長していただければ助かります。(지금부터 ～연장해 주시면 기쁘겠습니다.)는 마감을 연장해 달라고 요청할 때 쓴다. 助かる는 '그렇게 해 주시면 도움이 되겠습니다'라는 뜻으로 그만큼 절박한 상황임을 나타낸다. '마감 기간을 연장하다'는 締め切りを延長する나 締め切りを伸ばす를 쓴다. '1개월 연장을 허락해 달라'고 부탁하고 싶다면 後1ヶ月の延長をお願いしたいのですが。(앞으로 1개월 연장을 하고 싶습니다만.), 締め切りを延長できますか。(마감을 연장할 수 있습니까?)를 쓴다. '마감 기간을 지키다'는 締め切りを守る라고 한다.

ビジネスメールシチュエーション ③

> 部品の調達に時間がかかっておりますので、後1ヵ月、時間をいただけますか。
>
> 부품의 조달에 시간이 걸리고 있어서 한 달만 더 시간을 주시겠어요?

 ～ので、後1ヵ月、時間をいただけますか。(～이므로, 한 달만 더 시간을 주시겠어요?)는 이유를 말하고 연기를 요청하는 표현이다.

Words
- 部品(ぶひん) 부품
- 調達(ちょうたつ) 조달

Point 3   일의 중지를 알리는 효과적 패턴

 '유감스럽지만'은 残念ながら~

ビジネスメールシチュエーション

今回のプロジェクトですが、残念ながら、中止することに決定いたしました。
이번 프로젝트 말입니다만, 유감스럽게도 중지하기로 결정했습니다.

 일의 중지를 알리는 일반적인 표현이다. 残念ながら~ことに決定いたしました는 일종의 정해진 문구로, 유감스러운 결정을 알릴 때 쓴다.

ビジネスメールシチュエーション

予期せぬ問題が生じ、今回のプロジェクトはキャンセルしたいと思います。
예기치 않은 문제가 생겨서 이번 프로젝트는 취소하고 싶습니다.

 予期せぬ問題が生じ(예기치 않은 문제가 생겨서)라는 일의 중지를 암시하는 문장이다. '일의 중지'는 中止する 이외에도 キャンセルする를 써서 표현할 수 있다. 잠시 프로젝트가 연기됨을 알릴 때는 しばらく(잠시)를 넣어 予期せぬ問題が生じ、今回のプロジェクトはしばらく延期したいと思います。
(예기치 못한 문제가 발생하여, 이번 프로젝트는 잠시 연기하고 싶습니다.)라고 한다.

ビジネスメールシチュエーション

ご連絡いたします。今回の打ち合わせが取り止めになりましたので、10月1日火曜日午前10時の会議室の使用は必要なくなりました。
연락드립니다. 이번 미팅이 취소된 관계로 10월 1일 화요일 오전 10시의 회의실 사용은 불필요하게 되었습니다.

 ご連絡いたします。(연락드립니다.)를 먼저 써서 말을 전달할 수도 있다. '(주최자의 사정에 의해) 취소됐다'고 말하고 싶을 때는 取り止める를 쓴다. '취소된 관계로'는 取り止めになりましたので로, 직역하면 '취소되었으므로'가 된다.

Words
- 予期(よき)せぬ 예기치 않은 ・生(しょう)じる 생기다, 발생하다 ・キャンセルする 취소하다
- 取(と)り止(や)める 그만두다, 중지하다, 취소하다

In More Depth 한걸음 더

'~은 어려워 보입니다'라는 표현의 다양한 쓰임

어떤 문제점을 전달할 때 편리하게 쓸 수 있는 말이 難しそうだ로, 넌지시 문제점을 전달할 수 있다는 이점이 있는 표현이다.

- 明日まで見積もりを仕上げるのは難しそうです。
  내일까지 견적서를 완성시키는 것은 어려워 보입니다.
- 今月までにこのプロジェクトを完成するのは難しそうです。
  이번 달 안에 이 프로젝트를 완성하는 것은 어려워 보입니다.
- 日本商事の社長にお会いするのは難しそうです。
  일본상사 사장은 만나 뵙기 어려워 보입니다.

Words
- 難(むずか)しい 어렵다, 곤란하다 ・仕上(しあ)げる 일을 끝내다

Quiz 이런 경우에는 일본어로 어떻게 표현?

Q1. プロジェクトの進行が _____ います。7月30日まで問題の原因を究明して、報告してください。
프로젝트 진행이 늦어지고 있습니다. 7월 30일 안에 문제의 원인을 파악해서 보고해 주세요.

Q2. この新製品は完成間近ではありますが、_____、あと10日間、時間をいただければと思います。
이 신제품은 완성 막바지이긴 합니다만, 만약 가능하다면 앞으로 10일간 시간을 주셨으면 합니다.

Q3. 今回のプロジェクトですが、_____、中止することに決定いたしました。
이번 프로젝트 말입니다만, 유감스럽게도 중지하기로 결정했습니다.

Answer
Q1 遅れて Q2 もし可能であれば Q3 残念ながら

Exercise 한일 번역 도전!

Ex1. 이번 프로젝트의 진행이 늦어지고 있습니다. 이달 말까지 검토 결과를 정리해서 보고해 주세요.

Ex2. 우리 프로젝트 팀도 빨리 마무리하는데 전력을 다하고 있으므로 일주일만 시간을 더 주시겠습니까?

Ex3. 내일 미팅은 중지되었으므로, 회의실 사용은 불필요하게 되었습니다.

Answer

Ex1 '진행이 늦어지고 있습니다'는 進行が遅れています
今回のプロジェクトの進行が遅れています。今月末までに検討結果をまとめて、報告してください。
　'이달 말'은 今月末라고 한다. '이달 초'는 来月の頭 또는 来月の初め라고 한다. 만약 '다음 달 초순'이라고 표현하고 싶을 때는 来月の上旬이라고 하면 된다.

Ex2 '시간을 더 주시겠습니까?'는 後〇〇, 時間をいただけますか
我がプロジェクトチームも早く仕上げるのに全力を尽くしておりますので、後一週間、時間をいただけますか。
　'일주일만' 시간을 더 내달라고 표현하고 싶을 때는 後一週間 혹은 後一週間だけ로 말할 수 있다. '전력을 다하다'는 全力を尽くす라는 표현을 쓴다.

Ex3 '중지되었습니다'는 取り止めになりました
明日の打ち合わせは取り止めになりましたので、会議室の使用は必要なくなりました。
　'불필요하게 되었습니다'는 '필요 없게 되었습니다'로 번역하여 必要なくなりました라고 한다.

日本語
ビジネスeメール 10분 투자로 메일의 달인 되는법

성공적 비즈니스는 인간관계에서, 인간관계는 이해관계에서 출발한다고 해도 과언이 아니다. Part6에서는 호의를 전할 때, 어떤 일이나 정보, 조언을 구할 때 등 비즈니스 상에서 마음을 주고받는 표현을 알아보자.

Part 6

의뢰편

- **Lesson 22** 호의적인 마음을 전하는 메일 쓰기
- **Lesson 23** 어떠한 일을 요구할 때 메일 쓰기
- **Lesson 24** 정보를 요청할 때 메일 쓰기
- **Lesson 25** 조언을 요청할 때 메일 쓰기

Lesson 22 호의적인 마음을 전하는 메일 쓰기

Point 1 호의에 감사하는 마음을 전하는 표현
Point 2 일의 결과에 만족함을 나타내는 표현
Point 3 축하 메시지를 전달하는 표현

고마움은 말로 표현하지 않으면 상대방이 모를 수도 있다. 이 과에서는 호의를 받으면 고마움을, 일의 결과가 좋으면 만족감을, 경사스런 일이 있으면 축하하는 마음을 전하는 등 서로 좋은 관계를 유지하기 위해 도움이 되는 표현을 알아보자.

送信者 | gdhong@mycompany.com

宛先 | yamadatarou@yourcompany.com

件名 | 契約更新の件

山田株式会社　営業部
山田太郎様

いつもお世話になっております。
先日はA社の社長をご紹介いただき、本当にありがとうございました。
おかげさまで商談がうまく成立しました。

㈱韓国商事　営業部　ホン・ギルドン
TEL：82-2-337-3053
FAX：82-2-337-3054

●●● 계약갱신 건

　　항상 신세 지고 있습니다. 일전에는 A사 사장님을 소개해 주셔서 정말로 감사드립니다.
　　덕분에 상담이 잘 성립되었습니다.

152　日本語ビジネスeメール

Point 1 호의에 감사하는 마음을 전하는 표현

 ~ていただき、本当にありがとうございました로 상대방에게 고마움을 표현

ビジネスメールシチュエーション

> **A社の社長をご紹介**いただき、本当にありがとうございました。おかげさまで**商談**がうまく**成立**しました。
> A사 사장님을 소개해 주셔서 정말로 감사드립니다. 덕분에 상담이 잘 성립되었습니다.

 '~해 주셔서 정말로 감사드립니다.'라고 상대의 호의에 고마움을 표시할 때는 ~いただき本当にありがとうございました。를 쓴다.

ビジネスメールシチュエーション

> **この契約を更新するにあたり、貴殿から様々な助言**をいただき、感謝しております。
> 이 계약을 갱신하는 데 있어서 귀하께서 여러 조언을 해 주셔서 고맙게 여기고 있습니다.

 상대방의 배려에 감사함을 나타내는 기본 표현이다. '~하는 데'는 ~にあたり로 표현할 수 있다. '~께서 여러 가지 ~을 해 주셔서 감사하게 생각하고 있습니다'는 ~から様々な助言をいただき、感謝しております라고 한다. 様々な助言をいただき 대신에 いろいろご協力をいただき、いろいろな情報をいただき 등을 쓸 수도 있다.

ビジネスメールシチュエーション

> **前社長の代より、**いろいろお世話になり感謝しております。
> 전 사장님 대부터 여러 가지로 신세를 져서 고맙게 생각하고 있습니다.

 '여러 가지로 신세를 져서 고맙게 생각하고 있습니다.'는 いろいろお世話になり感謝しておりますで 쓴다.

Words
- 商談(しょうだん) 상담 ・成立(せいりつ) 성립 ・際(さい) 때

Point 2   일의 결과에 만족함을 나타내는 표현

'~에 대단히 만족해하고 있습니다'는 ~に非常に満足しております

ビジネスメールシチュエーション ①

御社が開発された機械の性能に非常に満足しております。
귀사가 개발한 기계의 성능에 대단히 만족해하고 있습니다.

상대방의 일이나 업적에 만족감을 나타내면서 칭찬하는 표현이다. 御社のプレゼンには非常に満足しております。(귀사의 프리젠테이션에는 대단히 만족하고 있습니다.)와 같이 응용해서 쓰면 된다.

ビジネスメールシチュエーション ②

新プロジェクトの件ですが、あなたのアイデアは素晴らしいと思います。
신프로젝트 건 말입니다만, 당신의 아이디어는 굉장하다고 생각합니다.

~は素晴らしいと思います。(~는 굉장하다고 생각합니다.)라는 표현을 써서 상대방을 칭찬하는 표현이다. 보통 '아주 좋다고 생각한다'는 とてもよいと思います로 쓴다.

ビジネスメールシチュエーション ③

今回のプロジェクトにおいての貴社のプレゼンには感心しました。
이번 프로젝트와 관련한 귀사의 프리젠테이션에는 감탄했습니다.

~には感心しました。(~에는 감탄했습니다.)는 칭찬 중의 최대의 칭찬이라고 할 수 있다. 위 문장은 貴社の市場調査の徹底ぶりには感心いたしました。(귀사의 시장조사의 철저한 모습에는 감탄했습니다.)와 같이 응용할 수 있다.

Words
- 感心(かんしん)する 감탄하다 ● 徹底(てってい) 철저 ● ~ぶり 모습, 모양, 태도, 방식

Point 3   축하 메시지를 전달하는 표현

 '축하드립니다'는 おめでとうございます

ビジネスメールシチュエーション ①

部長に昇進なさったそうですね、おめでとうございます。
부장으로 승진하셨다면서요. 축하드립니다.

~たそうですね、おめでとうございます。(~하게 됐다면서요, 축하드립니다.)는 상대방의 경사스러운 일을 들었을 때 쓰는 기본 표현이다. 또 あなたの企画が選ばれたそうですね、おめでとうございます。(당신의 기획이 뽑혔다면서요, 축하합니다.)와 같이 축하인사말을 전할 수 있다.

ビジネスメールシチュエーション ②

田中さんが私たちの開発チームに参加してくださると聞いて喜んでいます。
다나카 씨가 우리 개발팀에 참여하신다고 해서 기뻐하고 있습니다.

~と聞いて喜んでいます。(~라고 해서 기뻐하고 있습니다.)라는 표현을 써서 좋은 소식을 들었을 때의 기쁜 마음을 나타낼 수 있다.

ビジネスメールシチュエーション ③

わが社を代表いたしまして、貴殿の専務へのご昇進のお祝いを申しあげます。
저희 회사를 대표해서 귀하의 전무 승진을 축하드립니다.

단순한 축하인사가 아닌 누군가를 대표해서, 혹은 대신해서 축하인사를 하는 표현이다. '~을 대표해서'로 말할 때는 ~を代表いたしましてを 쓰고, '~을 대신해서'란 의미로 쓸 때는 社長に成り代わりまして (사장님을 대신해서)와 같이 ~に成り代わりましてを 쓴다.

Words
- 昇進(しょうしん) 승진 ・喜(よろこ)ぶ 기뻐하다 ・代表(だいひょう)する 대표하다 ・貴殿(きでん) 귀하
- 成(な)り代(か)わる 대신하다, 대리하다

In More Depth 한걸음 더

상대방에게 좋지 않은 소식을 들었을 때 쓰는 표현
지금까지는 경사스러운 소식이나 일의 결과를 축하하는 인사말을 알아봤다면 이번에는 좋지 않은 소식을 들었을 때 쓸 수 있는 위로 표현을 알아본다.

- 山田さんが退職なさると知り、大変残念に思っております。
  야마다 씨가 퇴직을 하신다는 소식을 듣고 매우 유감스럽게 생각하고 있습니다.
- 御社が台風のせいでひどい被害を被ったと聞き、部下共々胸を痛めております。早い復興を願っております。
  귀사가 태풍에 의해 심한 피해를 입었다는 소식을 듣고, 부하 직원들과 함께 마음 아파하고 있습니다. 빠른 복구를 바랍니다.

Words
- 退職(たいしょく) 퇴직 ● 被害(ひがい) 피해 ● 被(こうむ)る 입다, 받다 ● 共々(ともども) 다 같이, 함께
- 胸(むね)を痛(いた)める 마음 아파하다 ● 復興(ふっこう) 부흥, 복구

Quiz 이런 경우에는 일본어로 어떻게 표현?

Q1. A社の社長をご紹介　　　　　　　　、本当にありがとうございました。　　　　　　　商談がうまく成立しました。
A사 사장님을 소개해 주셔서 정말로 감사드립니다. 덕분에 상담이 잘 성립되었습니다.

Q2. 御社が開発された機械の性能に非常に　　　　　　　おります。
귀사가 개발한 기계의 성능에 대단히 만족해하고 있습니다.

Q3. 部長に昇進なさったそうですね、　　　　　　　　　　　　。
부장으로 승진하셨다면서요, 축하드립니다.

Answer
Q1 いただき、おかげさまで　Q2 満足して　Q3 おめでとうございます

Exercise 한일 번역 도전!

Ex1. 하드웨어 관련해서 귀하께서 여러 가지 조언을 해 주셔서 고맙게 생각하고 있습니다.

Ex2. 귀사가 불과 1년 만에 업계 1위가 된 것에는 매우 감탄했습니다.

Ex3. 귀사의 창립 50주년을 우리 회사를 대표해서 축하인사 드립니다.

Answer

Ex1 상대방의 호의에 고맙다는 인사 표현은 ～をいただき、感謝しております

ハードウェア関連にあたり、貴殿から様々な助言をいただき、感謝しております。
～をいただき、感謝しておりますの 기본 표현을 쓴다.

Ex2 칭찬의 뜻을 포함한 '감탄했다'는 感心しました

貴社がわずか1年で業界トップになられたことにはとても感心しました。
感心しましたた는 어떤 훌륭한 행동이나 뛰어난 기량에 마음이 움직이는 것을 의미한다. '불과'라는 뜻의 わずか는 '얼마 안 되는 모양'을 나타낸다.

Ex3 '축하인사를 드립니다'는 お祝いを申しあげます

御社の創立50周年を、わが社を代表いたしまして、お祝いを申しあげます。
'축하드립니다'는 お祝いを申しあげます라고 하고, 앞에 心より를 붙여 心よりお祝いを申しあげます. (진심으로 축하드립니다.)라고 하여 더 깊은 마음을 전달할 수도 있다.

Lesson 23 어떠한 것을 요구할 때 메일 쓰기

Point 1 소망이나 협조를 부탁하는 패턴
Point 2 "~해 주세요" 패턴
Point 3 "즉시 ~해 주세요" 패턴

상대방에게 무엇인가를 요구할 때는 '~해 주세요'란 직접적인 표현보다는 '~해 주시면 감사하겠습니다'와 같은 완곡한 표현이 더 효과적이다. 물론 한시가 급한 경우라면 절박감을 전달하여 빠른 대응을 요구할 필요도 있을 것이다. 이과에서는 일반적인 부탁, 약간 에둘러서 소망을 표현하는 방법, 절박한 상황에서 재촉하는 표현을 알아보자.

送信者: gdhong@mycompany.com
宛先: yamadatarou@yourcompany.com
件名: 資料依頼の件

山田株式会社　営業部
山田太郎様

こんにちは。ホン・ギルドンです。
海外マーケティングに必要な資料を入手することに、
ご協力いただけましたら幸いです。
お忙しい中、お手数をおかけいたしますが、
なにとぞよろしくお願いいたします。

(株)韓国商事　営業部　ホン・ギルドン
TEL : 82-2-337-3053
FAX : 82-2-337-3054

••• 자료의뢰 건

안녕하세요. 홍길동입니다.
해외 마케팅에 필요한 자료를 입수하는 데 협조해 주시면 고맙겠습니다.
바쁘신 중에 번거로우시겠지만, 아무쪼록 잘 부탁드립니다.

Point 1   소망이나 협조를 부탁하는 패턴

ご協力いただけましたら幸いです로 완곡하게 협조를 구한다

ビジネスメールシチュエーション ①

海外マーケティングに必要な資料を入手することに、ご協力いただけましたら幸いです。

해외 마케팅에 필요한 자료를 입수하는 데 협조해 주시면 고맙겠습니다.

 '~해주시면 고맙겠습니다.'라고 완곡하게 협조를 구할 때는 ~いただけましたら幸いです를 쓴다. わが社の方針にご賛同いただけましたら幸いです。(저희 회사 방침에 동의해 주시면 고맙겠습니다.)와 같이 응용할 수 있다.

ビジネスメールシチュエーション ②

私の考えた新しい事業を手伝っていただけませんか。

제가 생각한 새로운 사업을 도와주실 수 있겠습니까?

 ~を手伝っていただけませんか는 '~을 도와주실 수 없겠습니까?'는 더욱 완곡하게 협조를 부탁할 때 쓴다.

ビジネスメールシチュエーション ③

明日人手が足りないので、誰かをうちの部署によこしていただけると助かるのですが…。

내일 일손이 부족해서 누군가 우리 부서로 보내 주시면 좋겠는데요…?

 부드러운 느낌으로 '~해 주시면 감사하겠는데요…?'라고 표현하고 싶을 때는 ていただけると助かるのですが…를 쓴다. 人手が足りない는 '일손이 부족하다'로 관용적으로 쓰는 표현이다. 협조를 부탁하는 표현이므로 뒤에는 いかがでしょう。(어떠세요?), お願いできますか。(부탁해도 될까요?)와 같은 말이 올 수 있다.

Words
- 協力(きょうりょく) 협력 • 方針(ほうしん) 방침 • 賛同(さんどう) 찬동 • 手伝(てつだ)う 돕다
- 人手(ひとで) 일손, 일할 사람 • よこす 보내다. 보내오다

Point 2 "~해 주세요" 패턴

보통 하는 부탁이라면 ~てください

来年の事業計画表をメールで送ってください。
내년의 사업계획표를 메일로 보내 주세요.

보통 때 하는 부탁이라면 ~てください로 쓴다. '~해 주길 바랍니다'라면 ~してほしいです, '~해 주시면 좋겠습니다만'이라고 좀 더 정중하게 의뢰하고 싶을 때는 ~していただきたいのですが로 쓴다.

その資料は日本では入手できないので、メールに添付して送っていただけるとありがたいのですが。
그 자료는 일본에서는 입수할 수 없으므로 메일로 첨부해서 보내주시면 감사하겠는데요.

~ので、~て送っていただけるとありがたいのですが(~하므로 ~해 주신다면 감사하겠습니다만)라는 이유를 밝히며 의뢰할 때 쓰는 표현이다. メールしていただけるとありがたいのですが…(메일 주시면 감사하겠습니다만…)도 알아두면 편리한 표현이다.

その企画書は私も必要なので、私にメールを転送していただけませんか。
그 기획서는 저도 필요하니 제게도 메일을 전달해 주시겠습니까?

~ていただけませんか(~해 주시겠습니까?)는 가장 흔히 쓸 수 있는 기본 표현이다.

Words
- 事業計画表(じぎょうけいかくひょう) 사업계획표 • 入手(にゅうしゅ) 입수 • 企画書(きかくしょ) 기획서
- 必要(ひつよう) 필요 • 転送(てんそう) 전송, 보내온 것을 다시 다른 곳으로 보냄.

Point 3 "즉시 ~해 주세요" 패턴

 '즉시 ~해 주세요'는 直ちに~てください

ビジネスメールシチュエーション ①

このアンケート結果は来週必要なので、直ちに調査し、結果が分かり次第知らせてください。

이 앙케이트 결과는 다음 주에 필요하므로, 즉시 조사해서 결과가 나오는 대로 알려 주세요.

 直ちに知らせてくださいは '즉시 알려 주세요'라는 뜻으로, 급하게 재촉할 때 쓸 수 있는 표현이다. '~하는 대로, ~하자마자'라고 표현하고 싶을 때는 ~次第를 쓰면 된다.

ビジネスメールシチュエーション ②

新技術開発中に発生した問題に対して、直ちに対応してくださるようお願いします。

신기술 개발 중에 발생한 문제에 대해 즉시 대응해 주실 것을 부탁드립니다.

 直ちに対応してくださるようお願いしますと 강한 명령어조의 재촉 표현이다. 같은 의미로 直ちに対応するようお願いします가 있다.

ビジネスメールシチュエーション ③

このプロジェクトを今月中に完了することが急務です。

이 프로젝트를 이번 달 중에 완료하는 것이 급선무입니다.

 ~が急務です。(~가 급선무입니다.)는 재촉의 표현으로 ~は急を要しています。(~는 시급합니다.)라는 표현과 같은 의미로 쓸 수 있다. 또 最優先를 써서 このプロジェクトを最優先で進めてください。お願いします。(이 프로젝트를 최우선으로 진행해 주세요. 부탁드립니다.)와 같이 표현할 수도 있다.

Words
- 直(ただ)ちに 곧, 즉각 • 発生(はっせい) 발생 • 急務(きゅうむ) 급무, 급선무 • 急(きゅう)を要(よう)す 긴급을 요하다
- 最優先(さいゆうせん) 최우선

In More Depth 한걸음 더

협조를 요청하는 표현

일의 진행 속도가 늦어진다든지 분위기가 다운되어 있을 때는 협조를 요청하는 메일이 분위기 전환의 계기가 될 수 있다. 여기서는 협조를 요청하는 메일 표현을 알아보자.

- 納期まで後わずかしかありません。皆さんのお力添えをお願いします。
  납기까지 앞으로 조금밖에 남지 않았습니다. 여러분의 도움을 바랍니다.
- このプロジェクトの完成も後わずかですので、引き続き関係者の皆様のご協力をお願いします。
  이 프로젝트의 완성도 이제 얼마 남지 않았으므로, 계속해서 관계자 여러분의 협력을 부탁드립니다.
- このプロジェクトの成功のために私どもに力を貸していただけませんか。
  프로젝트 성공을 위해 저희에게 힘을 빌려 주시지 않겠습니까?

Words
- わずか 조금, 약간 ・力添(ちからぞ)え 협력, 원조 ・引(ひ)き続(つづ)き 계속해서

Quiz 이런 경우에는 일본어로 어떻게 표현?

Q1. 海外マーケティングに必要な資料を入手する 〇〇〇〇〇 、ご協力いただけましたら幸いです。
해외 마케팅에 필요한 자료를 입수하는데 협조해 주시면 감사하겠습니다.

Q2. 来年の事業計画表をメールで送って 〇〇〇〇〇 。
내년의 사업계획표를 메일로 보내 주세요.

Q3. このアンケート結果は来週必要なので、 〇〇〇〇〇 調査し、結果が分かり次第知らせてください。
이 앙케트 결과는 다음 주에 필요하므로, 즉시 조사해서 결과가 나오는 대로 알려 주세요.

Answer
Q1 ことに Q2 ください Q3 直ちに

Exercise 한일 번역 도전!

Ex1. 귀사 영업부장의 성함과 전화번호를 메일로 보내 주시면 고맙겠습니다만….

Ex2. 거래처인 A사의 사장님이 입원하셔서, 여러분 중 누군가가 병문안을 가주면 좋겠는데….

Ex3. 8월 11일에 메일이 온 프로그램의 수정 건 말인데요, 즉시 대응할 것을 부탁드립니다.

Answer

Ex1 '~로 보내주시면 고맙겠습니다만'은 ~で送っていただけると助かるのですが
貴社の営業部長のお名前と電話番号をメールで送っていただけると助かるのですが…。
~で送っていただけると助かるのですが…로 부드럽게 부탁하는 표현이다.

Ex2 '~해 주면 좋겠는데'는 ~てくれると助かるのですが
お得意さんのA社の社長が入院されたので、皆さんのうちの誰かがお見舞いに行ってくれると助かるのですが…。
~てくれると助かるのですが로 부탁하는 표현이다. 이 표현은 今すぐ人事課に誰か行ってくれると助かるのですが…。(지금 바로 인사과에 누군가 가주면 좋겠는데…), 誰かお客様に詳しく説明してくれると助かるのですが…。(누군가 손님에게 자세한 설명을 해주면 좋겠는데…) 등과 같이 응용할 수 있다.

Ex3 '즉시 ~할 것을 부탁드립니다'는 直ちに~ようお願いいたします
8月11日にメールされてきたプログラムの修正ですが、直ちに対応するようお願いいたします。
直ちに~ようお願いいたします는 명령조로 재촉하는 문장이다.

Lesson 24 정보를 요청할 때 메일 쓰기

Point 1 상대방의 자료를 공유하자고 말하는 패턴
Point 2 넌지시 정보에 흥미를 보이는 패턴
Point 3 "정보를 가진 자를 찾아라" 패턴

비즈니스에서 정보 수집은 필수 조건이다. 이 과에서는 동종 업종의 관계자로부터 정보를 얻고자 할 때, 다양한 방법으로 정보를 얻고자 할 때 쓸 수 있는 표현을 알아보자.

送信者 gdhong@mycompany.com

宛先 yamadatarou@yourcompany.com

件名 スマートフォンの市場調査に関する資料の要請の件

山田株式会社　営業部
山田太郎様

新しいアプリを創りたいと思っています。
スマートフォンの市場調査に関する資料はありませんか。
どんな資料でもお送りいただければありがたいです。
よろしくお願いします。

(株)韓国商事　営業部　ホン・ギルドン
TEL：82-2-337-3053
FAX：82-2-337-3054

●●● 스마트폰 시장조사에 관한 자료 요청 건

새로운 어플을 만들고 싶습니다. 스마트폰의 시장조사에 관한 자료는 없습니까?
어떤 자료라도 보내 주시면 감사하겠습니다. 잘 부탁드립니다.

Point 1　상대방의 자료를 공유하자고 말하는 패턴

 '~에 관한 자료'는 ~に関する資料

ビジネスメールシチュエーション ①

スマートフォンの市場調査に関する資料はありませんか。
　　스마트폰 시장조사에 관한 자료는 없습니까?

 자료를 요청할 때 쓸 수 있는 일반적인 표현이다. '~에 관한'이란 뜻의 ~に関する는 ~についての로 바꿔 쓸 수 있으며, ありませんか를 더 정중하게 하면 ございませんか가 된다.

ビジネスメールシチュエーション ②

ソウルで最近流行っている若者の服に関してですが、どんな資料でもお送りいただければありがたいです。
　　서울에서 최근 유행하고 있는 젊은 사람들의 옷에 관해서 말입니다만, 어떤 자료라도 보내 주신다면 감사하겠습니다.

 1번 보다 정중한 말투로 자료를 요청하는 표현이다. どんな資料でもお送りいただければありがたいです는 どんな資料でも提供していただければありがたいです。(어떤 자료라도 제공해 주시면 감사하겠습니다.), どんな資料でもかまいませんので、お送りいただけないでしょうか。(어떤 자료라도 괜찮으니 보내 주시겠습니까?)로 바꿀 수 있다.

ビジネスメールシチュエーション ③

新商品の宣伝方法について、明日までにご連絡いただけると助かります。
　　신상품의 선전방법에 대해 내일까지 연락해 주시면 고맙겠습니다.

 자료를 언제까지 보내달라고 요청할 때 쓰는 표현이다. 明日までにご連絡いただけると助かります는 明日までにご連絡いただけますか。(내일까지 연락해 주시겠어요?)로 바꿔 말할 수 있다.

Words
- 市場調査(しじょうちょうさ) 시장조사
- ~に関(かん)する ~에 관한
- 流行(はや)る 유행하다
- 提供(ていきょう) 제공

Point 2 　 넌지시 정보에 흥미를 보이는 패턴

✉ '~에 흥미가 있다'는 ~に興味がある

ビジネスメールシチュエーション

私はiPhoneアプリ開発に興味があり、それを勉強したいと思っています。つきましては、それに関する資料を送っていただけるとうれしいです。

> 저는 iPhone 앱 개발에 흥미가 있어 그것을 공부하고 싶습니다. 그래서 그에 관한 자료를 보내 주시면 기쁘겠습니다.

✉ 자료에 흥미를 나타내면서 요청하는 표현이다. 私は〜に興味があり、それを勉強したいと思っていますと 같이 쓰며, '저는 이전부터 ~를 공부하고 싶다는 생각을 했습니다'로 말하고 싶을 때는 私は以前から〜を勉強したいと思っていましたを 쓴다. つきましては는 메일에서 자주 쓰는 표현으로, '그 일에 관해서, 그런고로'의 뜻인 ついては의 공손한 말씨이다.

ビジネスメールシチュエーション

貴社の開発したアプリケーションに非常に興味がありまして、詳しい情報を教えていただければ嬉しいです。

> 귀사가 개발하신 응용 프로그램에 아주 흥미가 있어 자세한 정보를 가르쳐 주신다면 기쁘겠습니다.

✉ 강한 흥미를 나타내며 정보를 가르쳐 달라고 할 때 쓰는 표현이다. '~에 아주 관심이 있어'라고 말하고 싶을 때는 ~に非常に関心がありましてと 한다.

ビジネスメールシチュエーション

次回の社内研修セミナーでベンチャービジネス論についての講義を依頼されましたので、資料が必要です。去年の社内研修に関する資料をお送りいただけるとありがたいです。

> 다음 사내 연수 세미나에서 벤처비즈니스론에 대해 강의를 요청받아서 자료가 필요합니다. 작년 사내연수에 관한 자료를 보내 주시면 감사하겠습니다.

 자료의 필요성에 대해 충분히 설명한 후 자료를 요청하는 표현이다. ~ので 앞에는 이유를 설명한다. ~ので、資料が必要ですと 표현하여 단순한 관심보다 '자료의 필요성'에 중점을 두고 말하고 있다.

Words
- 非常(ひじょう)に 아주, 매우, 대단히 ・依頼(いらい) 의뢰

Point 3 "정보를 가진 자를 찾아라" 패턴

 '~에 관해 상세히 알고 있는 분'은 ~について詳しくご存知の方

ビジネスメールシチュエーション ①

当社の機器と交換性のある周辺機器について詳しくご存知の方をご紹介いただけますでしょうか。

당사의 기기와 호환성이 있는 주변기기에 대해 상세히 알고 계신 분을 소개시켜 주시겠습니까?

 ~について詳しくご存知の方(~에 대해 상세히 알고 있는 분)은 정보를 가진 사람을 찾는 표현이다. ~について詳しい方をご紹介いただけますでしょうか。(~에 대해 잘 아는 분을 소개해 주시겠습니까?)로 말할 때도 있다.

ビジネスメールシチュエーション ②

もし、セキュリティ関係に詳しい方をご存知でしたら、紹介していただけるとありがたいです。お会いして助言をいただきたいと考えております。

만약 보안 문제에 대해 잘 아는 분을 알고 계시면, 소개해 주시면 감사하겠습니다. 만나 뵙고 조언을 구하고 싶습니다.

 もし~方をご存知でしたら~(만약 ~한 분을 알고 계신다면)는 정보를 알고 있는 사람을 찾는 표현이다. もし、ご存知でしたら、教えていただけるとありがたいです。(만약 아신다면 알려 주시면 감사하겠습니다.), もし、ご存知であれば、教えていただければ幸いです。(만약 아신다면 알려 주시면 고맙겠습니다.)라고 응용해서 쓸 수 있다.

ビジネスメールシチュエーション ③

日本の電気製品についてどなたかご存知の方がいらっしゃいましたら、ご紹介いただけませんか。

일본의 전기제품에 대해 누군가 알고 계신 분이 계시면 소개해 주셨으면 합니다.

 누군가 알고 있으면 소개해 달라는 표현이다. どなたか~ 뒷부분에 조건을 넣어 표현한 예로, ~についてどなたかご存知の方がいらっしゃいましたら、ご紹介いただけませんかは ~についてどなたか詳しい方がいらっしゃいましたら、ご紹介いただけませんか。(~에 관해 누군가 자세한 분이 계시면 소개해 주시겠습니까?)로 바꿀 수 있다.

Words
- 機器(きき) 기기 ・交換性(こうかんせい) 교환성 ・周辺機器(しゅうへんきき) 주변기기 ・詳(くわ)しい 상세하다, 잘 알다
- 助言(じょげん) 조언

In More Depth 한걸음 더

동영상 등 자료 사용의 허락을 받을 때의 표현
취득한 동영상 혹은 자료나 정보 등을 쓰고 싶을 때 저작권 문제를 언급하는 표현을 알아보자.

- もしよろしければ、動画を弊社のウェブに掲載するための使用許諾がいただきたいのですが。
  만약 괜찮으시다면, 동영상을 저희 회사 웹에 올리기 위한 사용 허락을 받고 싶습니다만.
- 動画を弊社のウェブに掲載したいので、使用許可をいただきたくメールを差し上げています。
  동영상을 우리 회사의 웹에 게재하고 싶은데, 사용허가를 받고 싶어서 메일을 보내고 있습니다.
- 掲載するのは著作権上、問題がありますでしょうか。
  게재하는 데 저작권상 문제가 있습니까?

Words
- 動画(どうが) 동영상 ・掲載(けいさい) 게재 ・使用許諾(しようきょだく) 사용허가 ・著作権(ちょさくけん) 저작권

Quiz 이런 경우에는 일본어로 어떻게 표현?

Q1. スマートフォンの市場調査　　　　　　資料はありませんか。
    스마트폰 시장조사에 관한 자료는 없습니까?

Q2. 貴社の開発したアプリケーションに　　　　　興味がありまして、詳しい情報を教えていただければ嬉しいです。
    귀사가 개발하신 응용 프로그램에 아주 흥미가 있어 자세한 정보를 가르쳐 주신다면 기쁘겠습니다.

Q3. 当社の機器と交換性のある周辺機器について　　　　　ご存知の　　　　をご紹介いただけますでしょうか。
    당사의 기기와 호환성이 있는 주변기기에 대해 상세히 알고 계신 분을 소개시켜 주시겠습니까?

Answer
Q1 に関する Q2 非常に Q3 詳しく, 方

Exercise 한일 번역 도전!

Ex1. 최근 유행하는 어플에 관해서 말입니다만, 어떤 자료라도 보내 주신다면 감사하겠습니다.

Ex2. 저는 어플 개발에 흥미가 있고, 그것을 자세하게 공부하고 싶습니다. 그래서 그에 관한 자료를 보내 주시면 기쁘겠습니다.

Ex3. 이번 신제품에 대해 누군가 아시는 분이 계시면 소개해 주셨으면 합니다.

Answer

Ex1 '보내 주신다면'은 お送りいただけると
最近流行りのアプリに関してですが、どんな資料でもお送りいただければありがたいです。
～に関してですがは ～についてですが로 바꿔 말할 수 있다.

Ex2 '흥미가 있다'는 興味がある
私はアプリ開発に興味があり、それを詳しく勉強したいと思っています。つきましては、それに関する資料を送っていただけるとうれしいです。
～についてもっと知りたいと思っています。(～에 대해 좀 더 알고 싶습니다.)는 정보를 얻기 위해 먼저 흥미를 나타내는 표현이다.

Ex3 '아시는 분'은 ご存知の方
今回の新製品についてどなたかご存知の方がいらっしゃいましたら、ご紹介いただけませんか。
～についてご存知のどなたかいらっしゃいましたらと고 말하면 어색하다. 위와 같이 ～についてどなたかご存知の方がいらっしゃいましたらと고 해야 한다.

Lesson 25 조언을 요청할 때 메일 쓰기

Point 1 지푸라기라도 잡는 심정으로 간절하게~
Point 2 간접적으로 조언하는 표현
Point 3 직접적으로 조언하는 표현

조언을 구할 때는 최대한 정중하게 간절함을 표현해야 한다. 반대로 조언을 해주는 사람의 입장에서도 예의를 잃지 않아야 한다. 이 과에서는 조언을 구하는 표현, 해주는 표현을 알아보자.

送信者　gdhong@mycompany.com

宛先　yamadatarou@yourcompany.com

件名　新商品の宣伝件

山田株式会社　営業部
山田太郎様

こんにちは。ホン・ギルドンです。
新商品の宣伝の方法について、
何かいいアイデアを提案していただければと存じます。
ご多忙とは存じますが、よろしくお願いいたします。

㈱韓国商事　営業部　ホン・ギルドン
TEL：82-2-337-3053
FAX：82-2-337-3054

••• 신제품 선전 건

　　안녕하세요. 홍길동입니다.
　　신상품의 선전 방법에 대해 뭔가 좋은 아이디어를 제안해 주셨으면 합니다.
　　바쁘신 줄은 알지만, 아무쪼록 잘 부탁드립니다.

Point 1   지푸라기라도 잡는 심정으로 간절하게~

'~해 주셨으면 합니다'는 ~ていただければと存じます

ビジネスメールシチュエーション 1

新商品の宣伝の方法について、何かいいアイデアを提案していただければと存じます。
　　　신상품의 선전 방법에 대해 뭔가 좋은 아이디어를 제안해 주셨으면 합니다.

~ていただければと存じます는 자신보다 그 분야에 정통한 관계자에게 정중하게 조언을 요청하는 문장이다. 存じます는 思う(생각하다, 여기다)의 겸양어이다. '뭔가 새로운 아이디어'는 何か新しいアイデア라고 한다.

ビジネスメールシチュエーション 2

今会社の経営に困っているので、経営学に詳しいあなたにぜひアドバイスをいただきたく存じます。
　　　지금 회사의 경영에 곤란을 겪고 있으므로, 경영학을 잘 아는 당신에게 꼭 조언을 구하고 싶습니다.

상대방을 전적으로 신뢰한다는 느낌을 주면서 정중하게 부탁할 때 쓰는 표현이다. 人生の先輩であるあなたにアドバイスをいただきたく存じます。(인생의 선배인 당신에게 조언을 구하고 싶습니다.), 営業のプロであるあなたにアドバイスをいただきたく存じます。(영업 프로이신 당신에게 조언을 듣고 싶습니다.), 法律に詳しいあなたにアドバイスをいただきたく存じます。(법률을 잘 아는 당신에게 조언을 듣고 싶습니다.)와 같이 응용할 수 있다.

ビジネスメールシチュエーション 3

開発予算を削減させる方法について、メールでご助言いただけますか。
　　　개발 예산을 삭감할 방법에 대해 메일로 조언을 얻을 수 있을까요?

ご助言いただけますか란 의문문을 쓰면 더욱 정중한 느낌이 든다. 또 이 예문에서 '예산을 삭감하다'는 予算を削減する이지만, '예산을 축소하다'는 予算を縮小する를 쓴다. 만나서 자세한 이야기를 듣고 싶을 때는 一度お会いしてご助言いただけますか。(한번 만나 뵙고 조언을 얻을 수 있을까요?)로 쓴다.

Words
- 宣伝(せんでん) 선전
- 経営(けいえい) 경영
- 法律(ほうりつ) 법률
- 削減(さくげん) 삭감
- 助言(じょげん) 조언
- 縮小(しゅくしょう) 축소

Point 2   간접적으로 조언하는 표현

 '~하면 어떨까요?'는 ~たらどうですか

ビジネスメールシチュエーション ❶

お客様とのやり取りの中での重要なメールは保存しておいたらどうですか。
　　　고객과 주고받은 내용 중에서 중요한 메일은 보존해 두면 어떨까요?

 '~하면 어떨까요?'는 ~たらどうですか로 제안하는 투로 조언하는 일반적인 표현이다. お客様からの電話は全てメモしておいたらどうですか。(손님에게서 온 전화는 모두 메모해 두면 어떨까요?), お客様からの電話は全て記録しておいたらどうですか。(손님에게서 온 전화는 모두 기록해 두면 어떨까요?)도 자주 쓰는 표현이다.

ビジネスメールシチュエーション ❷

A社に電話して、見積書を早く送ってくれるように頼んでみたらどうですか。
　　　A사에 전화해서 견적서를 빨리 보내달라고 부탁하면 어떨까요?

 ~てくれるように(~해 달라고)도 요청할 때 자주 쓰는 표현중 하나이다. A社に電話して、返金の処理を急ぐように頼んでみたらどうですか。(A사에 전화해서 환불 처리를 신속하게 해달라고 부탁하면 어떨까요?)와 같이 응용할 수 있다.

ビジネスメールシチュエーション ❸

プレゼンでセールスポイントをしっかりアピールしておくのが貴社のためになると思います。
　　　프레젠테이션에서 셀링 포인트를 확실히 어필해두는 것이 귀사에 도움이 될 것이라고 생각합니다.

 ~のためになると思います는 '~에게 도움이 될 것이라고 생각합니다'는 뜻으로 간접적인 조언을 하는 표현이다. ためになる는 '유익하다, 도움이 되다'라는 의미이다.

Words
- やり取(と)り 주고받음, 교환함 ・返金(へんきん) 환불 ・処理(しょり) 처리 ・迅速(じんそく) 신속

Point 3   직접적으로 조언하는 표현

 '~할 것을 강력히 권유합니다'는 ~することを強くお勧めします

ビジネスメールシチュエーション ①

> 相手が契約更新に応じない場合は、会社の顧問弁護士に相談することを強くお勧めします。
> 상대가 계약 갱신에 응하지 않을 경우에는 회사 고문 변호사와 상담할 것을 강력히 권유합니다.

 ~することを強くお勧めします(~하는 것을 강하게 권합니다)는 강하게 조언할 때의 표현이다.

ビジネスメールシチュエーション ②

> 新しい商品開発にそろそろ乗り出すべきだと思います。
> 새로운 상품개발에 이제 슬슬 나설 시기라고 생각합니다.

 ~べきだと思います(~해야 한다고 생각합니다)는 상대방에게 강하게 권할 때의 표현이다. べき는 '~해야 한다'는 뜻으로 '~하는 것이 당연하다, 바람직하다'는 의미를 내포하고 있다.

ビジネスメールシチュエーション ③

> 最新のコンピュータを購入することを強く提案いたします。
> 최신 컴퓨터를 구입할 것을 강하게 제안합니다.

 '~할 것을 강하게 제안합니다'는 ~することを強く提案いたします로 쓴다. 합병을 제안할 때는 A社との合併を強く提案いたします。(A사와의 합병을 강하게 제안합니다.)와 같이 쓴다.

Words
- 相手(あいて) 상대 • 契約更新(けいやくこうしん) 계약갱신 • 応(おう)じない 응하지 않다 • 場合(ばあい) 경우
- 顧問弁護士(こもんべんごし) 고문 변호사 • 相談(そうだん)する 상담하다 • 勧(すす)める 권하다 • そろそろ 이제 슬슬
- 乗(の)り出(だ)す 적극적으로 나서다, 착수하다

In More Depth 한걸음 더

일의 지시를 요구할 때의 표현

조언과 지시는 엄연히 다르다. 여기서는 일의 순서를 몰라서, 절차를 몰라서 구체적으로 지시를 부탁할 때의 표현을 알아보자.

- 新入社員に仕事の手順を指示してください。
  신입사원에게 일의 순서를 지시해 주세요.
- 新しい販売契約の手順について、ご指示をいただきたく存じます。
  새로운 판매 계약의 절차에 대해 지시해 주셨으면 합니다.

Words
- 手順(てじゅん) 수순, 순서, 절차 ● 指示(しじ)する 지시하다

Quiz 이런 경우에는 일본어로 어떻게 표현?

Q1. 新商品の宣伝の方法について、何かいいアイデアを提案して _____。
신상품의 선전 방법에 대해 뭔가 좋은 아이디어를 제안해 주셨으면 합니다.

Q2. お客様とのやり取りの中での重要なメールは保存しておい _____。
고객과 주고받은 내용 중에서 중요한 메일은 보존해 두면 어떨까요?

Q3. 相手が契約更新に応じない場合は、会社の顧問弁護士に相談することを _____。
상대가 계약 갱신에 응하지 않을 경우에는 회사 고문 변호사와 상담할 것을 강력히 권유합니다.

Answer
Q1 いただければと存じます　Q2 たらどうですか　Q3 強くお勧めします

Exercise 한일 번역 도전!

Ex1. 경비 삭감에 관해 뭔가 좋은 아이디어를 제안해 주셨으면 합니다.

Ex2. 방문 전에 방문처에 확인 전화를 해두는 것이 귀사에 도움이 된다고 생각합니다.

Ex3. 주식을 잘 아는 당신이 투자에 대해 메일로 조언해 주시겠습니까?

Answer

Ex1 '~해 주셨으면 합니다'는 ~ていただければと存じます

コスト削減に関して、何かいいアイデアを提案していただければと存じます。
　～ていただければと存じます는 정중한 느낌으로 조언을 구하는 표현이다.

Ex2 '~에게 도움이 된다고 생각합니다'는 ~のためになると思います

訪問する前に、訪問先に確認の電話をしておくのが貴社のためになると思います。
　～のためになると思います는 간접적인 표현으로 조언하는 방법이다. 위 예문은 電話をしておいたらどうですか。(전화해 두면 어떨까요?)라는 말을 간접적으로 표현한 말이다.

Ex3 '조언을 해 주시겠습니까?'는 アドバイスをいただけますか

株に詳しいあなたに、投資についてメールでアドバイスをいただけますか。
　의문문을 사용하여 정중하게 조언을 구하는 표현이다.

日本語
ビジネスeメール
10분 투자로 메일의 달인 되는법

비즈니스란 어떤 의미에서는 상대의 마음을 움직이는 행위의 연속이라고 할 수 있다. 분명하고 정확한 의사소통도 중요하지만, 다양한 표현을 구사하면 보다 능수능란하게 의사를 전할 수 있다. Part7에서는 의사전달과 관련한 여러 가지 표현법을 알아본다.

Part 7 의사전달편

- **Lesson 26** 상대방의 제의에 대한 답 메일 쓰기
- **Lesson 27** 의견을 교환하기 위한 메일 쓰기
- **Lesson 28** 찬성하기 위한 메일 쓰기
- **Lesson 29** 의견에 반대하는 메일 쓰기
- **Lesson 30** 기대 · 불안 · 확신의 메일 쓰기

Lesson 26 상대방의 제의에 대한 답 메일 쓰기

Point 1 "YES"의 다양한 표현
Point 2 "NO"의 다양한 표현
Point 3 승인과 허가에 관한 입체적 표현

이쪽에서 결정권을 가진 경우라도 승인이나 거절의 표현은 Yes나 No로 딱 잘라 말하기보다 좀 더 유연하게 하는 것이 좋다. 만약 승인하지 않을 때는 그 이유를 명확히 밝히고 유감의 뜻을 전한다. 이 과에서는 상대방으로부터의 받은 제안에 대한 승인과 허가 표현을 알아본다.

送信者: gdhong@mycompany.com
宛先: yamadatarou@yourcompany.com
件名: 新都市開発プロジェクトの件

山田株式会社　営業部
山田太郎様

今回の新都市開発プロジェクトですが、
後日、住民との問題が解決しましたら、
改めて検討させていただきます。

㈱韓国商事　営業部　ホン・ギルドン
TEL：82-2-337-3053
FAX：82-2-337-3054

••• 신도시 개발 프로젝트 건

　이번 신도시 개발 프로젝트 말입니다만, 차후에 주민과의 문제가 해결되면 다시 검토하겠습니다.

Point 1 "YES"의 다양한 표현

 '기꺼이~'는 喜んで~를 쓴다

ビジネスメールシチュエーション ①

お申し出の条件で喜んでお受けしたいと思います。
제시하신 조건으로 기꺼이 받아들이도록 하겠습니다.

 상대방의 제의를 받아들일 때의 '喜んで~(기꺼이~)'를 쓴다. 思います를 더 정중하게 存じます로 바꿀 수 있으며, お申し出の日時で、喜んでお目にかかりたいと思います。(제시하신 날짜에 기쁘게 만나 뵙겠습니다.)라고 응용할 수 있다.

ビジネスメールシチュエーション ②

今回のお申し出、喜んで検討させていただきます。
이번 제의, 기꺼이 검토하겠습니다.

 간단하게 '제의를 검토하고 싶다'고 긍정적인 생각을 전달할 때 쓰는 표현이다. 제의를 받아들일 때는 今回のお申し出、喜んでお受けいたします。(이번 제의, 기꺼이 받아들이겠습니다.)라고 한다.

ビジネスメールシチュエーション ③

貴社のプロジェクトに参加できて非常に光栄に思います。
귀사의 프로젝트에 참가할 수 있게 되어 정말 영광입니다.

 상대방의 제의에 만족하고 있다는 표현으로 ~できて非常に光栄に思います。(~할 수 있게 되어 정말 영광입니다.)를 쓴다. 또는 非常に嬉しく思います。(정말 기쁘게 생각합니다.)라고도 한다.

Words
- 申(もう)し出(で) 신청, 의사표현 • 条件(じょうけん) 조건 • 光栄(こうえい) 영광

Point 2 "NO"의 다양한 표현

 결정을 미룰 때는 後日改めて検討させていただきます**를 쓴다**

ビジネスメールシチュエーション ①

今回の新都市開発プロジェクトですが、後日、住民との問題が解決しましたら、改めて検討させていただきます。

이번 신도시 개발 프로젝트 말입니다만, 차후에 주민과의 문제가 해결되면 다시 검토하겠습니다.

상대방의 제안을 바로 받아들일 수 없을 경우에는 後日改めて検討させていただきます。(후일 다시 검토하겠습니다.)라는 표현을 써서 결정을 미룬다.

ビジネスメールシチュエーション ②

残念ながら、**送ってくださった契約条件**には合意できませんので、別の案をご提示いただきたく存じます。

유감이지만 **보내주신 계약조건**에는 합의를 할 수 없어서 다른 안을 제시해 주셨으면 합니다.

상대방에게 다른 안을 제시해 달라고 요청할 때 쓴다. 送ってくださった(보내주신)은 送っていただいた로 바꿔 쓸 수 있다.

ビジネスメールシチュエーション ③

貴社から提出された**開発計画**は、よくよく検討してみた結果、**資金不足**のため不可能だということになりました。

귀사가 제안한 **개발계획**은 잘 검토해 본 결과, **자금부족** 때문에 불가능하다는 결론이 났습니다.

이유를 말하면서 거절할 때 쓰는 기본 표현이다. '~하다는 결론이 났습니다'는 ~ということになりました로 쓴다.

Words
- 後日(ごじつ) 후일 ● 解決(かいけつ) 해결 ● 改(あらた)めて 다시, 새삼, 딴 기회에 ● 合意(ごうい) 합의

Point 3 　 승인과 허가에 관한 입체적 표현

 '승인하다'는 承認する, '승인할 수 없다'는 承認できません

ビジネスメールシチュエーション

> 新エネルギーを共同開発する計画を承認します。
> 신에너지를 공동 개발하는 계획을 승인합니다.

 상대방의 제안을 승인할 경우에는 ~を承認します。(~을 승인합니다.)를, 반대할 때는 承認できません。(~을 승인할 수 없습니다.)을 쓴다.

ビジネスメールシチュエーション

> 今回のプロジェクトに新たに人員を追加する必要があるとのご判断ですが、費用がかかり過ぎると思えますので、承認することができません。
> 이번 프로젝트에 새로운 인원을 추가할 필요가 있다고 판단하셨지만, 비용이 너무 든다는 생각이 들어 승인할 수가 없습니다.

 '당신은 그렇게 판단했지만, ~라는 생각이 들어 승인할 수 없습니다.'라는 의미는 ~とのご判断ですが~と思えますので、承認することができませんのに라고 표현한다. 이유를 밝히면서 승인을 거절하는 표현이다.

ビジネスメールシチュエーション

> 申し訳ありませんが、御社との契約更新は承認できませんので、お知らせいたします。
> 죄송합니다만, 귀사와의 계약갱신은 승인할 수 없으므로 알려드리는 바입니다.

 '죄송합니다만, ~은 승인할 수 없으므로 알려드리는 바입니다'는 申し訳ありませんが、~は承認できませんので、お知らせいたします로 쓴다. 승인을 거절하는 또 하나의 표현이다.

Words
- 共同開発(きょうどうかいはつ) 공동개발 • 承認(しょうにん) 승인 • 新(あら)たに 새로이 • 追加(ついか) 추가
- 費用(ひよう) 비용

In More Depth 한걸음 더

상대방의 제안에 재고가 필요한 경우

비즈니스를 하다 보면 자신의 선에서 결정할 수 없는 사항이나 자신의 의향과 다른 결정에 의해 좋지 않은 사실을 알려야 하는 경우가 있다. 이 경우에는 〜しないことに決定いたしました, 会議で〜は不採用と決定いたしました, 〜は承認できないことになった 등으로 표현한다.

- 申し訳ありませんが、御社との契約更新はしないことに決定いたしました。
  죄송합니다만, 귀사와의 계약갱신은 하지 않는 것으로 결정했습니다.
- 会議の決定で御社の商品は不採用と決定いたしました。
  회의 결정으로 귀사의 상품은 채택하지 않기로 결정했습니다.
- 締め切り期限の変更は承認できないことになったことをお知らせいたします。
  마감 기간의 변경은 승인할 수 없게 되었다는 점을 알려드립니다.

Words
- 不採用(ふさいよう) 채용 또는 채택을 하지 않음

Quiz 이런 경우에는 일본어로 어떻게 표현?

Q1. お申し出の条件で _____ お受けしたいと思います。
제시하신 조건으로 기꺼이 받아들이도록 하겠습니다.

Q2. 今回の新都市開発プロジェクトですが、後日、住民との問題が解決しましたら、_____ 検討させていただきます。
이번 신도시 개발 프로젝트 말입니다만, 차후에 주민과의 문제가 해결되면 다시 검토하겠습니다.

Q3. 新エネルギーを共同開発する計画を _____ 。
신에너지를 공동 개발하는 계획을 승인합니다.

Answer
Q1 喜んで Q2 改めて Q3 承認します

Exercise 한일 번역 도전!

Ex1. 신도시 개발 설계 건, 기꺼이 받아들이겠습니다.

Ex2. 귀사가 제안한 새로운 시스템 도입 건 말입니다만, 나중에 재차 검토하겠습니다.

Ex3. 귀사가 제안한 신상품 개발은 현시점에서는 생산 불가능하다는 결론에 이르렀습니다.

Answer

Ex1 喜んでを 써서 '기꺼이 받아들이겠다'는 뜻을 전달한다
新都市開発の設計の件、喜んでお受けいたします。
　'기꺼이 받아들이겠습니다'는 喜んでお受けいたします를 써서 찬성 의사를 표현한다.

Ex2 後日改めて検討させていただきます로 거절 의사를 밝힌다
御社から提案された新しいシステム導入の件ですが、後日改めて検討させていただきます。
　'나중에, 후일'은 後日라고 하고, '재차'는 改めて를 쓴다. '검토해보겠습니다'는 '지금은 하지 않겠습니다'라는 의미를 내포하고 있다.

Ex3 '〜하게 되었습니다'는 〜ということになりました
御社から提案された新商品開発は現時点では生産不可能だということになりました。
　〜ということになりました는 자신의 의향과는 상관없는 사항을 전달할 때 쓴다.

Lesson 27 의견을 교환하기 위한 메일 쓰기

Point 1 상대의 의견을 듣고 싶다면?
Point 2 자신의 의견을 전하고 싶다면?
Point 3 의견을 강조하고 싶다면?

의견을 제시할 때는 자신의 생각을 분명하게 말하는 것이 중요하다. 이 과에서는 상대의 의견을 듣고 싶을 때, 자신의 의견을 전하고 싶을 때 등 의견을 교환할 때 쓰는 표현을 알아본다.

送信者　gdhong@mycompany.com

宛先　yamadatarou@yourcompany.com

件名　開発プロジェクトの件

山田株式会社　営業部
山田太郎様

開発プロジェクトですが、
下記のような手順で進めたいのですが、
いかがでしょうか。

㈱韓国商事　営業部　ホン・ギルドン
TEL：82-2-337-3053
FAX：82-2-337-3054

●●● 개발 프로젝트 건

　개발 프로젝트 말입니다만, 아래와 같은 순서로 진행하고 싶은데 어떠신가요?

Point 1 상대의 의견을 듣고 싶다면?

 いかがでしょうか로 정중하게 의견을 묻는다

ビジネスメールシチュエーション

開発プロジェクトですが、下記のような手順で進めたいのですが、いかがでしょうか。
개발 프로젝트 말입니다만, 아래와 같은 순서로 진행하고 싶은데 어떠신가요?

 '어떠신가요?'는 いかがでしょうか로 정중하게 의견을 묻는 표현이다. いかがでしょうか 대신 どうお考えでしょうか(어떻게 생각하시나요?)를 쓸 수도 있다.

ビジネスメールシチュエーション

現在進行中のプロジェクトを中止するという話を耳にしましたが、本当かどうか、貴殿の意見を伺いたいと思います。
현재 진행 중인 프로젝트를 중지한다는 말을 들었습니다만, 정말인지 어떤지 귀하의 의견을 듣고 싶습니다.

 상대방의 의사를 조심스럽게 묻는 표현으로 耳にしましたが~는 聞きましたが~(들었습니다만~)와 같은 뜻이다. 상대방에게 의견을 듣고 싶다고 말할 때는 聞く・問う의 겸양어인 伺う를 써서 伺いたいと思います라고 자신을 낮춰서 표현한다.

ビジネスメールシチュエーション

今回のプロジェクトに対する、貴殿のお考えをお聞かせください。
이번 프로젝트에 관한 귀하의 생각을 들려 주세요.

 お聞かせください。(들려 주세요.)는 상대방의 의견을 묻는 표현으로 お教えください로 바꿔 말할 수 있다.

Words
- 手順(てじゅん) 수순, 순서, 절차

Point 2   자신의 의견을 전하고 싶다면?

'저로서는'은 私としましては~로 표현한다

 ビジネスメールシチュエーション ①

> 私としましては、これ以上、人員の追加は不必要という考えです。
> 저로서는 더 이상 인원 추가는 불필요하다고 생각합니다.

 '저로서는 ~는 불필요하다고 생각합니다'는 私としては、~は不必要という考えです로 자신의 의견을 어필하는 기본 표현이다.

ビジネスメールシチュエーション ②

> 詳しい内容については、貴殿と直接お会いして、話し合いたいと思います。
> 자세한 내용에 대해서는 귀하와 직접 만나서 의논하고 싶습니다.

 메일로 전달하기 어려운 내용이라면 直接お会いして、話し合いたいと思います。(직접 만나서 의논하고 싶습니다.)라는 표현을 쓴다.

ビジネスメールシチュエーション ③

> 安全管理を徹底するのが第一条件だというのが私の意見です。
> 안전 관리를 철저하게 것이 첫 번째 조건이라는 하는 것이 저의 의견입니다.

 ~というのが私の意見です(~라는 것이 저의 의견입니다)도 의견을 제시하는 표현 중 하나이다. 다른 예로는 新入社員の教育を徹底すべきというのが、私の意見です。(신입사원 교육을 철저히 해야 한다는 것이 저의 의견입니다.)가 있다.

Words
- 追加(ついか) 추가 ・不必要(ふひつよう) 불필요 ・徹底(てってい) 철저

Point 3 의견을 강조하고 싶다면?

 ~ことに注目していただきたい로 의견을 강조시킨다

ビジネスメールシチュエーション

> A社の計画案に比べて、B社の計画案の方がいくつかの点において優れている**ことに注目していただきたい**と思います。
> A사의 계획안에 비해 B사의 계획안이 몇 가지 점에서 뛰어나다는 점에 주목해 주셨으면 합니다.

 ~に比べて、~の方が~ことに注目していただきたいと思います(~에 비해 ~이 ~점에 주목해 주셨으면 합니다)는 자신의 주장을 말하는 기본 표현이다.

ビジネスメールシチュエーション

> コンピュータを使用する大多数の人はハードウェアについてはほとんど知らないということを**指摘させていただきたい**と思います。
> 컴퓨터를 사용하는 대다수의 사람은 하드웨어에 대해서는 거의 알지 못한다는 사실을 지적하고 싶습니다.

 ~ということを指摘させていただきたいと思います(~라고 하는 것을 지적하고 싶습니다)는 강하게 자신의 주장을 전달하는 표현이다.

ビジネスメールシチュエーション

> 一番の問題は安全管理が不十分であったという**事実を見過ごしてはなりません**。
> 가장 큰 문제는 안전관리 불충분이었다는 사실을 간과해서는 안 됩니다.

 '~는 사실을 간과해서는 안 됩니다'는 **~という事実を見過ごしてはなりません**으로 어떤 논점을 강조해서 주장을 강하게 하는 표현이다.

Words
- 計画案(けいかくあん) 계획안
- 優(すぐ)れる 뛰어나다, 훌륭하다
- 安全管理(あんぜんかんり) 안전관리
- 不十分(ふじゅうぶん) 불충분
- 見過(みす)ごす 보고도 그냥 두다, 간과하다

In More Depth 한걸음 더

좋지 않은 결정을 전달할 때의 표현
불가피하게 부정적인 결정을 전달할 때는 어떻게 그런 결론에 이르렀는지 납득 가능한 이유를 밝힐 필요가 있다.

- 今回のプロジェクトの進行に対して判断を下すのはまだ時期尚早だと思います。
  이번 프로젝트의 진행에 대한 판단을 내리는 것은 아직 시기상조라고 생각합니다.
- 今回のプロジェクトをどの会社に任せるかということについては決断をする前にもっと考えた方がいいと思います。
  이번 프로젝트를 어느 회사에게 맡길 것인지에 대해서는 결단을 내리기 전에 좀 더 생각해야 한다고 봅니다.

Words
- 判断(はんだん)を下(くだ)す 판단을 내리다 ・時期尚早(じきしょうそう) 시기상조 ・任(まか)せる 맡기다

Quiz 이런 경우에는 일본어로 어떻게 표현?

Q1. 開発プロジェクトですが、下記のような _____ で進めたいのですが、_____。
개발 프로젝트 말입니다만, 아래와 같은 순서로 진행하고 싶은데 어떠신가요?

Q2. 私としましては、人員の追加は不必要 _____。
저로서는 인원의 추가는 불필요하다고 생각합니다.

Q3. A社の計画案に比べて、B社の計画案の方がいくつかの点において優れていることに _____。
A사의 계획안에 비해 B사의 계획안이 몇 가지 점에서 뛰어나다는 점에 주목해 주셨으면 합니다.

Answer
Q1 手順, いかがでしょうか Q2 という考えです Q3 注目していただきたいと思います

Exercise 한일 번역 도전!

Ex1. 우리 회사가 올해 개발한 신약에 대해 귀하가 어떤 생각인지를 알고 싶습니다.

Ex2. A사에 의뢰해서 바로 작업을 개시해야 한다는 것이 저희 부서 의견입니다.

Ex3. 비용 삭감을 위해 LED를 사용하는 기업이 증가하고 있다는 사실을 간과해서는 안 됩니다.

Answer

Ex1 知りたいと思います로 생각을 묻는다
わが社が今年開発した新薬について、貴殿がどのようなお考えかを知りたいと思います。
'~에 대해 어떻게 생각하는지 알고 싶습니다'는 ~について、どのようなお考えかを知りたいと思います로 표현한다.

Ex2 ~の意見です로 자신이나 제삼자의 의견 전달
A社に依頼して、直ちに作業を開始するべきだ、というのがこちらの部署の意見です。
'~라는 것이 저희 부서 의견입니다'는 ~というのがこちらの部署の意見です로 자기 부서의 의견을 전달한다. '즉시'는 直ちに를 쓴다.

Ex3 강한 주장은 ~という事実を見過ごしてはなりません
コスト削減のためにLEDを使用する企業が増えているという事実を見過ごしてはなりません。
'~라는 사실을 간과해서는 안 됩니다'는 ~という事実を見過ごしてはなりません으로 구체적인 예를 들면서 강한 주장을 하는 표현이다. '~하는 기업이 늘고 있다'는 ~する企業が増えている로 쓰면 된다.

Lesson 28 : 찬성하기 위한 메일 쓰기

Point 1 의견에 동의한다면 이렇게 쓰라
Point 2 부분적인 합의만 원한다면 이렇게 쓰라
Point 3 전적으로 지지한다면 이렇게 쓰라

찬성할 때도 정도의 차이가 존재한다. 이 과에서는 상대의 의견에 대부분 같은 의견이라는 일반적인 동의를 나타낼 때 쓰는 표현, 일부는 동의하지만 부분적으로 반대 의견이 있을 경우, 전적으로 지지할 때의 표현으로 분류해서 알아보자.

送信者 : gdhong@mycompany.com

宛先 : yamadatarou@yourcompany.com

件名 : プロジェクト進行の件

山田株式会社　営業部
山田太郎様

プロジェクト開発中、
発生した問題が解決しないかぎり、
このプロジェクトは進めるべきではないという、貴殿の意見に同意します。

㈱韓国商事　営業部　ホン・ギルドン
TEL : 82-2-337-3053
FAX : 82-2-337-3054

••• 프로젝트 진행 건

프로젝트 개발 중 발생한 문제가 해결되지 않는 한, 이 프로젝트는 진행되어서는 안 된다는 귀하의 의견에 동의합니다.

Point 1   의견에 동의한다면 이렇게 쓰라

'~라는 의견에 동의하다'는 ~という意見に同意します라고 한다

ビジネスメールシチュエーション ①

プロジェクト開発中、発生した問題が解決しないかぎり、このプロジェクトは進めるべきではないという、貴殿の意見に同意します。

    프로젝트 개발 중 발생한 문제가 해결되지 않는 한, 이 프로젝트는 진행되어서는 안 된다는 귀하의 의견에 동의합니다.

~という、貴殿の意見に同意します。(~라는 귀하의 의견에 동의합니다.)로 상대방의 의견에 동의를 나타낸다. '~해서는 안 된다'는 ~べきではないで, 반대로 '~해야 한다'는 ~べきだ라고 한다. 예를 들면 問題が発生した場合はすぐ上司に報告すべきだという、貴殿の意見に同意します。(문제가 발생한 경우에는 바로 상사에게 보고해야 한다는 귀하의 의견에 동의합니다.)와 같이 쓴다.

ビジネスメールシチュエーション ②

都市開発計画の一部変更の件について我々は貴殿の意見に賛成です。

    도시개발 계획의 일부 변경 건에 대해 저희는 귀하의 의견에 찬성합니다.

~について我々は貴殿の意見に賛成です는 의견에 대한 동의를 표하는 기본 표현이다. 대략적으로 의견이 일치하고 있다고 표현하고 싶을 때는 ~の件について我々は大筋で合意しています。(~의 건에 대해 대략적인 합의를 보았습니다.)로 쓴다.

ビジネスメールシチュエーション ③

残業はすべきではない、というあなたの考えは理解できます。

    잔업은 안 하는 것이 좋다는 당신의 생각은 이해할 수 있습니다.

'당신의 생각은 이해할 수 있습니다'는 あなたの考えは理解できます로 동의를 나타내는 표현이다. 만약 반대 의견이라면 ~というあなたの考えは理解できます。しかし~です。(~라고 하는 당신의 생각은 이해가 됩니다. 그러나 ~입니다.)라는 반대 의사가 함축적으로 담긴 표현을 쓴다.

Words
- 大筋(おおすじ) 대강, 요점 • 合意(ごうい) 합의

Point 2   부분적인 합의만 원한다면 이렇게 쓰라

'~하고 싶지만'은 ～したいところですが로 표현한다

ビジネスメールシチュエーション ①

工場拡大の件に関して貴殿に賛成したいところですが、いくつかの問題点があるようです。

공장 확대 건에 대해서 귀하에게 찬성하고 싶지만, 몇 가지 문제점이 있는 것 같습니다.

먼저 상대방의 의견에 賛成したいところですが～(찬성하고 싶지만~)이라고 동의를 표현한 뒤, いくつかの問題点があるようです。(몇 가지 문제점이 있는 것 같습니다.)라고 문제점을 지적한다.

ビジネスメールシチュエーション ②

御社との契約につきまして、大部分のところで我々は合意しているのですが、次の点はもっと話し合うべきでしょう。

귀사와의 계약에 관해서는 대부분의 점에서 우리는 합의했지만, 다음 사항은 좀 더 논의할 필요가 있겠습니다.

大部分のところで我々は合意しているのですが～(대부분의 점에서 저희들은 의견이 일치하지만~)라고 일부 동의를 나타낸 후에 次の点はもっと話し合うべきでしょう。(다음 사항은 좀 더 논의할 필요가 있겠습니다.)를 써서 동의 할 수 없는 부분을 지적하는 표현이다. '조금 더 의논이 필요하겠지요'라고 표현하고 싶을 때는 もっと話し合いが必要でしょう라고 한다.

ビジネスメールシチュエーション ③

今年度の予算の内容の大部分には賛成しますが、**設備投資費**については賛成しかねます。

금년도 예산 내용의 대부분에는 찬성합니다만, **시설투자비**에 대해서는 찬성하기 어렵습니다.

～の大部分には賛成しますで 일부 찬성을 나타내고, ～については賛成しかねます로 일부 반대라고 하는 입장을 전달하는 표현이다. 賛成しかねます는 '쉽게 찬성할 수 없다'는 의미를 내포한다.

Words
- 話(はな)し合(あ)う 서로 이야기하다 • 話(はな)し合(あ)い 의논, 교섭 • 設備投資費(せつびとうしひ) 설비투자비

Point 3 전적으로 지지한다면 이렇게 쓰라

 전적인 지지는 私はまったく賛成です로 표현한다

ビジネスメールシチュエーション 1

基本開発計画通りにプロジェクトを進めることに私はまったく賛成です。
기본 개발 계획대로 프로젝트를 진행하는 데에 저는 전적으로 찬성합니다.

 ~ことに私はまったく賛成です(~하는 것에 저는 전적으로 찬성합니다)로 상대방의 의견에 전적으로 찬성한다는 의사를 밝힌다.

ビジネスメールシチュエーション 2

いまこそ、会社の経営改革に取り組まなければならないという考えに、私は全面的に賛成です。
지금이야말로 회사의 경영개혁에 힘써야 한다는 생각에 저는 전적으로 찬성합니다.

 ~という考えに、私は全面的に賛成です(~라는 생각에 저는 전면적으로 찬성합니다)로 상대방의 제안에 대해 전면적으로 찬성한다는 의사를 밝힌다. ~なければならない는 '~해야 한다'는 의미이다.

ビジネスメールシチュエーション 3

私は、若い技術者を育てなければならないという、山田さんの提案を固く支持します。
저는 젊은 기술자를 육성해야 한다는 야마다 씨의 제안을 확실하게 지지합니다.

 ~を固く指示します。(~을 확실하게 지지합니다.)라는 표현을 써서 확고한 지지 의사를 나타내기도 한다.

Words
- いまこそ 지금이야말로
- 取(と)り組(く)む 힘쓰다, 열심히 노력하다
- 育(そだ)てる 키우다, 육성하다

In More Depth 한걸음 더

기본적으로 지지하는 입장을 밝힐 때 쓰는 표현
상대방의 제안이나 생각에 찬성하는 입장을 밝힐 때는 아래와 같은 표현을 쓴다.

- 私はその考えを支持します。
  저는 그 생각을 지지합니다.
- 私は基本的にはその考えに賛成です。
  저는 기본적으로는 그 생각에 찬성합니다.
- 私はその考えに基本的には賛成ですけど、まだまだ改善すべき点がいくつかあると思います。
  저는 그 생각에 기본적으로는 찬성하지만, 아직도 개선해야만 하는 점이 몇 가지 있다고 생각합니다.

Words
- 支持(しじ)する 지지하다 ● 基本的(きほんてき) 기본적으로 ● 改善(かいぜん) 개선

Quiz 이런 경우에는 일본어로 어떻게 표현?

Q1. プロジェクト開発中、発生した問題が解決しないかぎり、このプロジェクトは進める ▇▇▇▇▇ という、貴殿の意見に同意します。
프로젝트 개발 중 발생한 문제가 해결되지 않는 한, 이 프로젝트는 진행되어서는 안 된다고 하는 귀하의 의견에 동의합니다.

Q2. 工場拡大の件に関して、貴殿に賛成したい ▇▇▇▇▇ ですが、いくつかの問題点があるようです。
공장 확대 건에 대해서 귀하에게 찬성하고 싶지만, 몇 가지 문제점이 있는 것 같습니다.

Q3. 基本開発計画通りにプロジェクトを進めることに私は ▇▇▇▇▇ 。
기본 개발 계획대로 프로젝트를 진행하는 것에 저는 전적으로 찬성합니다.

Answer
Q1 べきではない Q2 ところ Q3 全く賛成です

Exercise 한일 번역 도전!

Ex1. 이 프로젝트를 납기에 맞추기 위해 인원을 늘리는 데 대해 저희들은 대략적으로 합의합니다.

Ex2. 영업부의 야마다 씨를 우리 개발 팀에 스카우트 해야 한다는 당신의 생각은 이해가 됩니다.

Ex3. 이 프로젝트를 A사에 맡기는 것에 관해서는 찬성하고 싶습니다만, 몇 가지 생각이 다른 점이 있는 것 같습니다.

Answer

Ex1 '대략적으로 합의하고 있습니다'는 大筋で合意しています
このプロジェクトを納期に間に合わせるために、人員を増やすことについて我々は大筋で合意しています。
　'납기에 맞추기 위해서'는 納期に間に合わせるために라고 하고, '대략적으로 합의하고 있다'는 大筋で合意しています를 쓴다.

Ex2 '～라는 생각은 이해가 됩니다'는 ～という考えは理解できます
営業部の山田さんを我が開発チームに引き抜くべきだ、というあなたの考えは理解できます。
　'스카우트하다'는 '뽑다, 뽑아내다, 스카우트하다'라는 뜻의 引き抜く를 쓴다. '～란 당신의 생각은 이해가 됩니다'는 ～というあなたの考えは理解できます로 쓴다.

Ex3 '～하고 싶습니다만'은 ～たいところですが
このプロジェクトをA社に任せるということに関して賛成したいところですが、いくつか考えが違うところがあるようです。
　일부 찬성하는 표현은 ～たいところですが를 쓰고 뒤에 반대 의견을 표현한다.

Lesson 29 의견에 반대하는 메일 쓰기

Point 1 의견의 재고를 요청하는 패턴
Point 2 의견에 완곡하게 반대하는 패턴
Point 3 의견에 전적으로 반대하는 패턴

찬성을 나타낼 때와 마찬가지로 의견에 반대하는 입장일 경우에도 전적으로 반대하는 의견, 일부분만 반대하는 의견, 혹은 의견이 일치되지 않아 새로운 합의점을 찾고자 하는 메일 등으로 구분할 수 있다. 이 과에서는 이러한 다양한 반대 의견을 알리는 표현을 배워보자.

送信者: gdhong@mycompany.com
宛先: yamadatarou@yourcompany.com
件名: A社との合併についての件

山田株式会社　営業部
山田太郎様

いつも大変お世話になっております。ホン・ギルドンです。
本日11日付のメール、受け取りました。
しかし、A社との合併に関する貴殿の考え方には、
残念ながら全く反対です。
ご理解をいただければ幸いです。

㈱韓国商事　営業部　ホン・ギルドン
TEL：82-2-337-3053
FAX：82-2-337-3054

●●● A사와의 합병에 대한 건

항상 신세 많이 지고 있습니다. 홍길동입니다. 오늘 11일자 메일 받았습니다.
그러나 A사와의 합병에 관한 귀하의 생각에는 유감스럽지만, 전적으로 반대합니다.
이해해 주시기를 바랍니다.

Point 1 의견의 재고를 요청하는 패턴

 ～していただけないでしょうか로 부드럽게 부탁한다

ビジネスメールシチュエーション ①

わが社との契約を打ち切るという貴殿の決定を再考していただけないでしょうか。
저희 회사와의 계약을 중지한다는 귀하의 결정을 재고해 주시면 안 될까요?

 ～を再考していただけないでしょうか。(～을 재고해 주시면 안 될까요?)는 상대의 결정에 대해 다른 의견을 낼 때 쓰는 표현이다. '계약을 깨다'는 契約を打ち切る라고 하고, '계약을 맺다'는 契約を結ぶ라고 한다.

ビジネスメールシチュエーション ②

山田さんをリストラするという、貴殿の決定を考え直していただければ、とてもうれしいです。
야마다 씨를 정리해고 한다는 귀하의 결정을 재고해 주시면 정말 기쁘겠습니다.

 ～を考え直していただければ、とてもうれしいです。(～을 재고해 주시면 정말 기쁘겠습니다.)는 상대가 내린 결정에 대한 검토를 다시 한 번 요청하는 표현이다.

ビジネスメールシチュエーション ③

山田さんをヘッドハンティングできれば、このプロジェクトを中止する決定を考え直していただけますか。
야마다 씨를 헤드헌팅할 수 있다면, 이 프로젝트를 중지한다는 결정을 재고해 주시겠습니까?

 '～ば～ていただけますか。(～하면 ～하겠습니까?)'와 같은 질문 방법을 써서 재고를 요청하는 표현이다. '만약 이 프로젝트를 성공시키면'과 같이 쓰고 싶을 때는 もし、このプロジェクトを成功させれば라고 조건을 내세우며 결정의 재고를 부탁하는 방법도 있다.

Words
- 契約(けいやく) 계약 • 打(う)ち切(き)る 중지하다, 중단하다, 자르다 • 考(かんが)え直(なお)す 재고하다, 생각을 다시하다

Point 2   의견에 완곡하게 반대하는 패턴

 '정리가 필요한 문제'는 片付ける必要がある問題

ビジネスメールシチュエーション

貴殿のご意見には、私もあるところまで賛成ですが、我々の計画を最終決定する前に、まだ2つ3つの問題を片付ける必要があるかと思います。

귀하의 의견에는 저도 어느 정도까지는 찬성하지만, 저희들의 계획을 최종 결정내리기 전에 아직 두세 가지 문제를 정리할 필요가 있지 않을까 하는 생각입니다.

먼저 ~ところまで賛成ですが(~정도까지는 찬성하지만)로 상대의 의견을 존중한 후 ~する前に、まだ2つ3つの問題を片付ける必要があるかと思います。(~하기 전에 아직 두세 가지 문제를 정리할 필요가 있지 않을까 하는 생각입니다.)로 간접적인 반대 의사를 밝히고 있다.

ビジネスメールシチュエーション

あなたの立場は十分理解できますが、わが社の立場も考慮していただきたいと思います。

당신의 입장은 충분히 알겠지만 저희 회사의 입장도 고려해 주셨으면 합니다.

상대의 주장을 일단 받아들이는 자세를 보인 후에 '그렇기는 해도 이쪽 입장에서는~'이라고 반대 의견을 말할 때 쓰는 표현이다.

ビジネスメールシチュエーション

あなたの意見は十分理解できますが、このプロジェクトの成功にわが社の存続がかかっているという私の立場も考慮していただきたいと思います。

당신의 의견은 충분히 이해가 갑니다만, 이 프로젝트의 성공에 저희 회사의 사활이 걸려있는 저의 입장도 고려해 주셨으면 합니다.

완곡하지만 가장 강하게 입장을 표명하는 표현이다. '저희 회사의 사활이 걸려 있다'는 わが社の存続がかかっている라고 한다.

Words
- 立場(たちば) 입장 ・考慮(こうりょ) 고려 ・存続(そんぞく) 존속

Point 3   의견에 전적으로 반대하는 패턴

 '유감스럽지만, 전적으로 반대합니다'는 残念ながら、全く反対です

> ビジネスメールシチュエーション ①
>
> A社との合併に関する貴殿の考え方には、残念ながら全く反対です。
>
> A사와의 합병에 관한 귀하의 생각에는 유감스럽지만, 전적으로 반대합니다.

 '유감스럽지만'은 残念ながら(유감이지만)를 쓴다. '전적으로 반대합니다'는 全く反対です로 직접적인 반대 의사를 밝히는 표현이다.

> ビジネスメールシチュエーション ②
>
> このプロジェクトを山田さんに任せる、という貴殿の主張には全く同意できません。
>
> 이 프로젝트를 야마다 씨에게 맡기겠다고 하는 귀하의 주장에는 전혀 동의할 수 없습니다.

 '~고 하는 귀하의 주장에는 전혀 동의할 수 없습니다'는 ~という貴殿の主張には全く同意できません으로, 상대의 의견과는 정반대임을 나타내는 표현이다.

> ビジネスメールシチュエーション ③
>
> 岡田社長を辞めさせるという意見には断固反対です。
>
> 오카다 사장님을 그만두게 하겠다는 의견에는 결사반대입니다.

 '~하는 의견에는 결사반대입니다'는 ~という意見には断固反対です로 가장 강하게 반대 의사를 나타내는 표현이다.

Words
- 合併(がっぺい) 합병
- 全(まった)く 전적으로
- 主張(しゅちょう) 주장
- 断固(だんこ) 단호히, 단연코

In More Depth 한걸음 더

대안을 내는 것도 작전의 하나

비즈니스에서 협상은 중요한 요소 중 하나이다. 상대의 제안에 반대 의견을 낼 경우 자칫 잘못하면 협상을 망칠 수도 있다. 여기서는 상대의 기분을 상하지 않게 대안을 제시하는 기본 표현을 소개한다.

- A社と契約するより、B社と契約する方がいいと私は思います。
  A사와 계약하는 것보다 B사와 계약하는 것이 좋다고 저는 생각합니다.
- 来週打ち合わせをするので、その時、この新しい案について詳しく話し合うのはどうですか。
  다음 주 미팅을 하니 그때 이 새로운 안에 대해 자세히 의논하는 것은 어떠신가요?

Words
- ～するより～する方(ほう)がいい ～하는 것보다 ～하는 것이 좋다 • 詳(くわ)しい 자세하다

Quiz 이런 경우에는 일본어로 어떻게 표현?

Q1. わが社との契約を打ち切るという貴殿の決定を＿＿＿＿＿いただけないでしょうか。
저희 회사와의 계약을 중단한다고 하는 귀하의 결정을 재고해 주시면 안 될까요?

Q2. 貴殿のご意見には、私もあるところまで賛成ですが、我々の計画を最終決定する前に、まだ2つ3つの問題を＿＿＿＿＿必要があるかと思います。
귀하의 의견에는 저도 어느 정도까지는 찬성하지만, 저희들의 계획을 최종 결정내리기 전에 아직 두세 가지 문제를 정리할 필요가 있지 않을까 하는 생각입니다.

Q3. A社との合併に関する貴殿の考え方には、残念ながら＿＿＿＿＿反対です。
A사와의 합병에 관한 귀하의 생각에는 유감스럽지만, 전적으로 반대합니다.

Answer
Q1 再考して Q2 片付ける Q3 全く

Exercise 한일 번역 도전!

Ex1. 개발 프로젝트를 일시 정지하겠다고 하는 귀하의 결정을 재고해 주시면 정말 기쁘겠습니다.

Ex2. 당신의 입장은 알겠지만, 우리 팀의 입장도 고려해 주셨으면 합니다.

Ex3. 개발계획을 앞으로 어떤 식으로 추진할지에 대해서는 유감이지만 귀하의 생각에는 전적으로 반대합니다.

Answer

Ex1 決定を考え直すで 결정의 재고를 부탁한다

開発プロジェクトを一時停止するという、貴殿の決定を考え直していただければ、とても嬉しいです。

'~해 주셨으면 정말 기쁘겠습니다'는 ~ていただければ、とても嬉しいです를 쓴다.

Ex2 あなたの立場は分かりますが~로 먼저 이해를 나타낸다

あなたの立場は分かりますが、こちらのチームの立場も考慮していただきたい、と思います。

'당신의 입장은 알겠지만'이라고 먼저 상대의 입장을 이해해 주는 표현을 한 후 이쪽의 부탁을 하는 표현이다. '제 입장도 고려해 주셨으면 합니다'는 私の立場も考慮していただきたい、と思います로 쓴다.

Ex3 全く反対です로 전적인 반대 의사를 밝힌다

開発計画を今後どのように推進するかについては、残念ながら貴殿の考え方には全く反対です。

'앞으로'라고 말할 때는 今後를 쓴다. '유감이지만 귀하의 생각에는 전적으로 반대합니다'는 残念ながら貴殿の考え方には全く反対です로 쓰면 된다.

Lesson 30 기대·불안·확신의 메일 쓰기

Point 1 기대를 표현하려면?
Point 2 불안을 표현하려면?
Point 3 확신을 표현하려면?

어떠한 사안에 대한 주관적인 감정을 표현하는 방법은 다양하다. 이 과에서는 절실한 희망이나 기대를 전달할 때, 간접적인 우려의 뜻을 전달할 때, 확신을 통해 상대를 안심시킬 때 쓸 수 있는 표현 등을 알아보자.

送信者: gdhong@mycompany.com

宛先: yamadatarou@yourcompany.com

件名: プレゼンの件

山田株式会社　営業部
山田太郎様

プレゼンの件ですが、
資料を準備していただければ、
今日中に原稿を仕上げることができると思います。

㈱韓国商事　営業部　ホン・ギルドン
TEL：82-2-337-3053
FAX：82-2-337-3054

●●● 프레젠테이션 건

프레젠테이션 건 말입니다만, 자료를 준비해 주신다면 오늘 중에 원고를 완성할 수 있을 것 같습니다.

Point 1 기대를 표현하려면?

できると思います로 희망적 관측을 표현한다

ビジネスメールシチュエーション 1

プレゼンの件ですが、資料を準備していただければ、今日中に原稿を仕上げることができると思います。

프레젠테이션 건 말입니다만, 자료를 준비해 주신다면 오늘 중에 원고를 완성할 수 있을 것 같습니다.

 ~件ですが、~ていただければ、~できると思います。(~건입니다만, ~만 해준다면, ~가능할 것이라고 생각합니다.)는 희망적인 관측을 나타낼 때 쓰는 기본 표현이다.

ビジネスメールシチュエーション 2

私どもといたしましては、こちらの計画案を採用してくださることを望むだけです。

저희로서는 이쪽 계획안을 채택해 주실 것을 바랄 뿐입니다.

 절실한 희망을 전할 때의 표현이다. '우리 회사로서는'은 わが社といたしましては로 표현한다. 예를 들면 わが社といたしましては貴社との契約成立を望むだけです。(우리 회사로서는 귀사와의 계약 성립을 바랄 뿐입니다.)와 같이 쓴다.

ビジネスメールシチュエーション 3

今回のプロジェクトの完成を心より願っています。

이번 프로젝트의 완성을 진심으로 바라고 있습니다.

 ~を心より願っています。(~을 진심으로 바라고 있습니다.)로 간절한 기대감을 표현한다. より는 '~으로부터'라는 의미이다.

Words
- 仕上(しあ)げる 일을 끝내다 • 望(のぞ)む 바라다, 소망하다 • 完成(かんせい) 완성

Point 2   불안을 표현하려면?

 ~のではないかと、懸念しています로 우려를 표현한다

> ビジネスメールシチュエーション **1**
>
> ビルの建設を急ぎすぎて、**不備が生じる**のではないかと懸念しています。
> 빌딩 건설을 너무 서둘러서 미비점이 생기지 않을까 하고 우려하고 있습니다.

 ~のではないかと、懸念しています。(~지는 않을까 하고 우려하고 있습니다.)는 문제가 발생할 우려가 있음을 나타낼 때 쓸 수 있는 표현이다.

> ビジネスメールシチュエーション **2**
>
> プロジェクトが予定より遅れている**の**で心配しています。
> 프로젝트가 예정보다 늦어지고 있어 걱정하고 있습니다.

 ~ので心配しています。(~므로 걱정하고 있습니다.)를 써서 우려를 표현하는 표현이다. 心配와 懸念은 같은 '걱정'을 의미하는데 둘의 큰 차이는 心配는 문제의 결과가 약간 개인적인 성격을, 懸念은 공적인 성격을 갖는다는 점이다. 예를 들어 개인적인 걱정을 이야기 할 때 '아내의 몸이 걱정이다'라는 표현을 妻の健康が懸念される라고 하면 어색한 느낌이 든다. 이때는 妻の健康が心配だ라고 쓰는 것이 자연스럽다.

> ビジネスメールシチュエーション **3**
>
> 経費が予算を超過している**の**は問題だと思います。
> 경비가 예산을 초과하고 있는 것은 문제라고 생각합니다.

 ~のは問題だと思います。(~것은 문제라고 생각합니다.)는 문제점을 지적하는 표현이다.

Words
- 不備(ふび) 충분히 갖추지 않음 • 生(しょう)じる 발생하다, 생기다, 일어나다 • 経費(けいひ) 경비 • 超過(ちょうか) 초과

Point 3 확신을 표현하려면?

 ~ので、ご安心ください로 우려를 불식시킨다

ビジネスメールシチュエーション ①

その問題に関しましてはすぐに対応します**ので、ご安心ください**。
그 문제에 관해서는 바로 대응할 테니 안심하세요.

 상대에게 안도감을 주는 표현으로 '~하므로 안심하세요'는 ~ので、ご安心ください라고 표현한다. ~に関しては는 '~관해서는'이라는 의미로, 보다 더 정중하게 표현하고 싶을 때는 ~に関しましては를 쓴다.

ビジネスメールシチュエーション ②

締め切り期限を厳守する**ことをお約束します**。
마감 기간을 엄수할 것을 약속하겠습니다.

 '약속합니다'는 문자 그대로 約束する(약속하다)라는 동사를 써서 お約束します라고 쓴다.

ビジネスメールシチュエーション ③

貴殿の承認なしに計画変更はしない**ことを請け合います**。
귀하의 승인 없이 계획변경은 하지 않겠다는 것을 보증합니다.

 ~ことを請け合います(~할 것을 보증합니다)로 확신과 자신감을 표현한다.

Words
- 締(し)め切(き)り 마감, 마감날짜
- 厳守(げんしゅ) 엄수
- 請(う)け合(あ)う 보증하다

In More Depth 한걸음 더

상대방에게 자신의 입장이나 생각을 전달할 때의 표현
상대방에게 자신의 입장이나 생각을 전달할 때는 그 이유를 정확하게 전달하는 것이 좋다.

- 新商品の開発が中止になったのは予算削減のためです。
  신상품의 개발이 중지된 것은 예산삭감 때문입니다.
- 新商品の開発が予算削減のため、中止となりました。
  신상품의 개발이 예산삭감으로 중지되었습니다.
- 追加の人員が必要なのは、スケジュールが遅れ気味だからです。
  추가 인원이 필요한 것은 스케줄이 늦어지고 있어서입니다.

Words
- 予算削減(よさんさくげん) 예산삭감 ●人員(じんいん) 인원 ●～気味(ぎみ)だ ～하는 경향이 있다

Quiz 이런 경우에는 일본어로 어떻게 표현?

Q1. プレゼンの件ですが、資料を準備していただければ、今日中に原稿を仕上げる_____と思います。
　　　프레젠테이션 건 말입니다만, 자료를 준비해 주신다면 오늘 중에 원고를 완성할 수 있을 것 같습니다.

Q2. ビルの建設を急ぎすぎて、不備が生じるの_____と、懸念しています。
　　　빌딩 건설을 너무 서둘러서 미비점이 생기지 않을까 하고 우려하고 있습니다.

Q3. その問題_____すぐに対応しますので、ご安心ください。
　　　그 문제에 관해서는 바로 대응할 테니 안심하세요.

Answer
Q1 ことができる　Q2 ではないか　Q3 に関しましては

Exercise 한일 번역 도전!

Ex1. 자동결제 시스템 개발 프로젝트를 성공리에 끝내기를 진심으로 바랍니다.

Ex2. 귀사가 저희 회사의 경영방침을 정말로 이해하시고 계신지를 우려하고 있습니다.

Ex3. 두 번 다시 발송 스케줄을 늦추지 않을 것을 보증합니다.

Answer

Ex1 '~을 진심으로 바랍니다'는 ~を心より願っています
自動決済システムの開発プロジェクトを成功裏に完結できることを心より願っています。
'~을 진심으로 바랍니다'는 ~を心より願っています라고 쓴다. 절실한 희망을 나타내는 표현이다. '성공리에 마치기를~'이라고 말하고 싶을 때는 成功裏に終わらせることを~라고 한다.

Ex2 '우려하고 있습니다'는 懸念しています
貴社がわが社の経営方針を本当に理解されているのかを、懸念しています。
공적인 우려를 나타낼 때는 懸念しています를 쓴다. '~하지는 않을까 하고 걱정하고 있습니다'는 ~ではないかと懸念しています라고 한다.

Ex3 '~을 보증합니다'는 ~を請け合います
二度と発送スケジュールに遅れを出さないことを請け合います。
확신과 자신감을 나타내는 고급표현인 ~を請け合います를 쓴다. '늦추지 않을 것'은 遅れを出さないこと라고 표현한다.

日本語
ビジネスeメール 10분 투자로 메일의 달인 되는법

업무상 트러블은 정도의 차이만 다를 뿐 항상 존재한다. 이 과에서는 문제 상황이 발생했을 때 대응하는 방법 및 완곡한 의사 표현 기법, 타협을 이끌어내는 방법 등 문제가 발생했을 때의 표현을 알아본다.

문제해결편 Part 8

- Lesson 31 문제 상황에 대응하는 메일 쓰기
- Lesson 32 완곡하게 표현하는 메일 쓰기
- Lesson 33 안건의 중요성을 어필하는 메일 쓰기
- Lesson 34 타협을 이끌어내는 메일 쓰기

Lesson 31 문제 상황에 대응하는 메일 쓰기

Point 1 컴플레인 대응을 위한 속전속결 패턴
Point 2 "나의 고충을 상대가 알게 하라" 패턴
Point 3 경고성 메시지의 다양한 패턴

비즈니스를 하다 보면 어김없이 문제 상황에 직면하게 된다. 이 과에서는 고객으로부터 컴플레인을 받았을 때 대응하는 표현, 이쪽의 고충을 알리는 표현, 경고성 메시지 등을 살펴본다.

送信者　gdhong@mycompany.com

宛先　yamadatarou@yourcompany.com

件名　契約不履行の件

山田株式会社　営業部
山田太郎様

契約を守っていただけない状況に、
はなはだ迷惑を被っております。
つきましては、誠意ある対応をお願いいたします。

(株)韓国商事　営業部　ホン・ギルドン
TEL：82-2-337-3053
FAX：82-2-337-3054

●●● 계약 불이행 건

계약을 지켜주지 않은 상황에 심히 피해를 입고 있습니다. 그런 이유로 성의 있는 대응을 부탁드립니다.

Point 1   컴플레인 대응을 위한 속전속결 패턴

 컴플레인을 받았을 때는 먼저 사과를 한다

ビジネスメールシチュエーション ①

わが社の商品に欠陥があったとのご連絡をいただき、大変申し訳なく思っております。
     저희 회사의 상품에 결함이 있었다는 연락을 받고 매우 죄송하게 생각하고 있습니다.

 고객으로부터 컴플레인을 받았을 때는 먼저 사과하는 문장으로 시작한다. 그 이후에는 어떠어떠한 조치를 취하겠다는 대처방법을 설명한다.

ビジネスメールシチュエーション ②

ご指摘いただいた件ですが、現在、専門家に調査させておりますので、対処法が分かりましたら、すぐにご連絡を差し上げます。
     지적해 주신 건 말입니다만, 현재 전문가의 조사를 의뢰했으므로, 대처법을 알게 되면 즉시 연락을 드리겠습니다.

 컴플레인을 받고 ご指摘いただいた件ですが~로 '컴플레인을 접수했다'는 사실을 알리는 표현이다.

ビジネスメールシチュエーション ③

本日、メールで寄せられたクレームの件ですが、事実関係を確認して、対応策を検討してください。
     금일 메일로 도착한 컴플레인 건 말인데요, 사실관계를 확인해서 대응책을 검토해 주세요.

 사내에서 컴플레인을 접수하고 대응책을 지시하는 표현이다. '사실관계를 확인하다'는 事実関係を確認する로, '대응책을 검토하다'는 対応策を検討する로 쓴다.

Words
- 指摘(してき) 지적
- 対処法(たいしょほう) 대처법
- 欠陥(けっかん) 결함

Point 2 　"나의 고충을 상대가 알게 하라" 패턴

 '많은 피해를 입고 있습니다'는 はなはだ迷惑を被っております

ビジネスメールシチュエーション ①

契約を守っていただけない状況に、はなはだ迷惑を被っております。つきましては、誠意ある対応をお願いいたします。

　　계약을 지켜주지 않은 상황에 심히 피해를 입고 있습니다. 그런 이유로 성의 있는 대응을 부탁드립니다.

　　상대방이 약속을 지키지 않아 이쪽이 많은 피해를 입었다며 불만을 표시하는 표현이다. '계약을 지켜주지 않은 상황'은 契約を守っていただけない状況로 표현하고 '피해를 입다'는 迷惑を被る라고 한다.

ビジネスメールシチュエーション ②

再三ご連絡しましたのに、今日まで、なんのご回答もなく、はなはだ遺憾に存じております。

　　여러 번 연락을 했는데 지금까지 아무 답장도 없어 심히 유감스럽게 생각합니다.

　　답장이 없는 것에 대한 불만을 제기하면서 직접적으로 유감을 표시하는 표현이다. 아무런 연락이 없는 것에 대한 당혹감을 표현하는 なんのご連絡もいただけない状況に、誠に困惑するばかりです。(아무런 연락도 받을 수 없는 상황에 진심으로 당황할 뿐입니다.)도 고충을 알리는 대표적 표현이다.

ビジネスメールシチュエーション ③

今になってキャンセルされるというのは、納得しかねることです。

　　지금에 와서 취소하겠다고 하는 것은 납득이 가지 않는 점입니다.

　　상대방의 행동에 불평을 토로할 때 쓰는 표현이다. '납득이 가지 않는다'는 ～しかねる(～하기 어렵다)를 써서 納得しかねる라고 한다.

Words
- はなはだ 매우, 몹시, 심히 ● 迷惑(めいわく) 폐 ● 被(こうむ)る 받다, 입다 ● 再三(さいさん) 두세 번, 여러 번
- 遺憾(いかん) 유감 ● 困惑(こんわく) 곤혹, 난처하여 당황함

Point 3   경고성 메시지의 다양한 패턴

 二度とこのようなことが起こらないよう~로 주의를 준다

ビジネスメールシチュエーション ①

先日の打ち合わせに貴殿の社員が連絡もなく不参加されました。二度とこのようなことが起こらないよう、今後はくれぐれもご注意ください。

일전의 미팅에 귀하의 사원이 연락도 없이 불참했습니다. 두 번 다시 이러한 일이 발생하지 않도록 앞으로 부디 주의해 주세요.

 二度とこのようなことが起こらないよう、今後はくれぐれもご注意ください는 가장 가볍고 기본적인 경고 표현이다.

ビジネスメールシチュエーション ②

お知らせいたします。貴殿はホームページの情報を弊社の承諾なく使用しております。このまま使い続ければ最悪の場合、しかるべき処置をとらせていただきます。

알려드립니다. 귀하는 당사 홈페이지의 정보를 저희 회사의 승낙 없이 사용 중입니다. 이대로 계속 사용한다면 최악의 경우, 응분의 조치를 강구하겠습니다.

 경고를 한 후에도 상대방이 개선하지 않는다면 강력한 조치를 취하겠다고 경고하는 표현이다. 또 다른 경고 표현으로는 **本意ではありませんが、御社との取引を停止せざるを得ません。**(본의는 아니지만, 귀사와의 거래를 정지할 수밖에 없겠습니다.)가 있다.

ビジネスメールシチュエーション ③

工事代金がまだ届いておりません。早急に入金していただかなければ、法的手段を取らざるを得ません。

공사 대금이 아직 도착하지 않았습니다. 빨리 입금해 주지 않으면 법적 수단을 강구할 수밖에 없습니다.

 법적 조치까지 불사하겠다는 강한 경고 표현 중 하나이다. **~ざるを得ない**는 '~하지 않을 수 없다'의 뜻으로 '그렇게 하고 싶지 않지만 해야만 한다'는 의미를 내포하고 있다. 또 같은 뜻인 **~ないわけにはいかない**보다 강제성이 강하다.

Words
- **貴殿**(きでん) 귀하 ・**くれぐれ** 부디, 아무쪼록, 제발 ・**承諾**(しょうだく) 승낙 ・**最悪**(さいあく)の場合(ばあい) 최악의 경우
- **しかるべき** 그에 알맞은 ・**処置**(しょち) 처치, 조치 ・**工事代金**(こうじだいきん) 공사 대금
- **早急**(そうきゅう) 조급, 몹시 급함 ・**入金**(にゅうきん)する 입금하다 ・**法的手段**(ほうてきしゅだん) 법적 수단

In More Depth 한걸음 더

상대방의 결정에 실망했다고 말하고 싶을 때의 표현

상대방의 결정에 유감을 표현할 때 '매우 유감스럽습니다'라는 의미는 誠に遺憾に思います、残念でなりません이라고 쓴다.

- 貴社がわが社との契約を突然取り消されたことを知り、誠に遺憾に思っております。
  귀사가 우리 회사와의 계약을 갑자기 취소했다는 사실을 듣고 정말 유감으로 여기고 있습니다..
- 貴社との契約が成立しなかったことを聞き、残念でなりません。
  귀사와의 계약이 성립되지 않았다는 사실을 듣고 매우 유감스럽게 생각합니다.

Words
- 取(と)り消(け)す 취소하다

Quiz 이런 경우에는 일본어로 어떻게 표현?

Q1. わが社の商品に欠陥があった_____ご連絡をいただき、大変_____思っております。
  저희 회사의 상품에 결함이 있었다는 연락을 받고 매우 죄송하게 생각하고 있습니다.

Q2. 契約を守っていただけない状況に、はなはだ迷惑を_____おります。_____、誠意ある対応をお願いいたします。
  계약을 지켜주지 않은 상황에 심히 피해를 입고 있습니다. 그런 이유로 성의 있는 대응을 부탁드립니다.

Q3. 先日の打ち合わせに貴殿の社員が連絡もなく不参加されました。_____このようなことが起こらないよう、今後は_____ご注意ください。
  일전의 미팅에 귀하의 사원이 연락도 없이 불참했습니다. 두 번 다시 이러한 일이 발생하지 않도록 앞으로 부디 주의해 주세요.

Answer
Q1 との, 申し訳なく Q2 被って, つきましては Q3 二度と, くれぐれも

Exercise 한일 번역 도전!

Ex1. 이 메일에 첨부한 컴플레인에 대해 사실관계를 확인하고 대응책을 야마다 씨에게 메일로 보내 주세요.

Ex2. 납기가 항상 늦어져 심히 피해를 입고 있습니다. 그런 이유로 성의 있는 대응을 부탁드립니다.

Ex3. 매월 입금이 늦어지고 있습니다. 빠른 지불을 부탁드립니다. 최악의 경우, 계약을 취소하겠습니다.

Answer

Ex1 사내담당자에게 부탁할 때의 기본 표현
このメールに添付したクレームについて、事実関係を確認して、対応策を山田さんにメールしてください。
　사내담당자에게 '적당한 대응을 해 주세요'라고 말하고 싶을 때는 適切な対応をしてください라고 한다.

Ex2 성의 있는 대응을 부탁한다는 표현
納期がいつも遅れており、はなはだ迷惑を被っております。つきましては、誠意ある対応をお願いいたします。
　'그런 이유로 성의 있는 대응을 부탁드립니다'는 つきましては、誠意ある対応をお願いいたします로 표현한다.

Ex3 '최악의 경우 ~하겠습니다'의 경고 표현
月々の入金が遅れております。早急に支払いをお願いいたします。最悪の場合、契約を取消しさせていただきます。
　경고 표현은 最悪の場合~させていただきます로 표현한다. 돈이 입금되지 않았다고 표현하고 싶을 때는 本日現在まだご入金いただいておりません。(금일 현재 아직 입금되지 않았습니다.)로 쓴다.

Lesson 32 완곡하게 표현하는 메일 쓰기

Point 1 완곡하게 허가를 구하고 싶다면?
Point 2 완곡하게 요구사항을 전달하고 싶다면?
Point 3 완곡하게 질문하려면?

일본어의 대표적 특징 중 하나가 자신의 요구사항을 직접적으로 표현하지 않고 완곡하게 돌려서 말하는 것이다. 이 과에서는 상대방의 기분이 상하지 않게 허가를 구하는 표현, 요구사항을 전달하는 표현, 질문하는 기본 패턴 등을 배워보자.

送信者: gdhong@mycompany.com
宛先: yamadatarou@yourcompany.com
件名: 契約の件

山田株式会社　営業部
山田太郎様

契約の件ですが、もし異存がないようでしたら、
A社と契約を結ぶということで、
よろしいでしょうか。

㈱韓国商事　営業部　ホン・ギルドン
TEL：82-2-337-3053
FAX：82-2-337-3054

●●● 계약 건

계약 건 말입니다만, 만약 이의가 없으시면 A사와 계약을 맺어도 되겠습니까?

 **완곡하게 허가를 구하고 싶다면?**

 완곡하게 허가를 구할 때는 **もし異存がないようでしたら~**를 쓴다

ビジネスメールシチュエーション 1

もし異存がないようでしたら、A社と契約を結ぶということでよろしいでしょうか。
만약 이의가 없으시면 A사와 계약을 맺어도 되겠습니까?

완곡하게 무언가를 부탁하거나 허가를 구할 때에는 '만약 ~면'이란 뜻의 **もし~たら**를 쓴다. 만약 '특별히 반대가 아니라면'이라고 쓰고 싶을 때는 **特に反対という意見がないようでしたら**(특별히 반대하는 의견이 없으시면)라고 한다. **A社と契約を結ぶということでは A社と契約を結びたいのですが**(A사와의 계약을 맺고 싶은데)로 바꿔 쓸 수 있다.

ビジネスメールシチュエーション 2

山田さんがこのプロジェクトに参加する許可をいただきたいと存じます。
야마다 씨가 이 프로젝트에 참가하는 데 대한 허가를 받고 싶습니다.

 '~하는 허가를 받고 싶습니다'는 **~する許可をいただきたいと存じます**로 완곡한 허가를 구하는 표현이다.

ビジネスメールシチュエーション 3

もし許可がいただければ、このプロジェクトを成功させるためにもっと詳しい現地調査をしたいと思います。
만약 허가해 주신다면, 이 프로젝트를 성공시키기 위해서 더욱 상세한 현지 조사를 하고 싶습니다.

 もし~たら와 마찬가지로 조건을 나타내는 **~ば**를 써서 **もし許可がいただければ**(만약 허가해 주신다면)로도 완곡한 표현을 나타낼 수 있다. '허가서를 받고 싶습니다만, 써 주시겠습니까?'라고 직설적으로 말하고 싶을 때는 **許可書をいただきたいのですが、書いていただけますか**로 말하면 된다.

Words
- 契約(けいやく) 계약 ● 結(むす)ぶ 잇다, 맺다 ● 許可(きょか) 허가

Point 2 완곡하게 요구사항을 전달하고 싶다면?

 もしできれば～たいのですが…로 요구사항을 전달한다

> もしできれば、資金援助をお願いしたいのですが。
> 가능하다면 자금 원조를 받고 싶은데요.

もしできれば～たいのですが(가능하면 ~고 싶습니다만)은 요구사항을 전달할 때 요긴하게 쓸 수 있는 표현이다.

> できるだけ期限内に、プログラムの計画案を提出していただきたいのですが、可能でしょうか。
> 가급적 기한 내에 프로그램의 계획안을 제출해줬으면 하는데 가능할까요?

'가급적 기간 내에 ～해 주셨으면 하는데 가능할까요?'는 できるだけ期限内に～していただきたいのですが、可能でしょうか로 부드럽게 요구사항을 전달하는 대표적 표현이다.

> 現在フル可動しても仕事が追い付かない状態ですので、もしできましたら、人員を増やしていただきたいのですが。
> 현재 풀가동해도 일이 못 따라가는 상태이므로, 만약 가능하다면 인원을 증가시키고 싶습니다만.

'만약 가능하다면 ～하게 해 주세요'라고 직접적으로 말하지 않고 완곡하게 전달하고 싶다면 もしできましたら～ていただきたいのですが(만약 가능하다면 ~하고 싶습니다만)를 쓴다.

Words
- 資金援助(しきんえんじょ) 자금 원조 • 追(お)い付(つ)く 따라잡다, 달하다 • 状態(じょうたい) 상태 • 増(ふ)やす 늘리다

Point 3 　완곡하게 질문하려면?

 '알고 계신가요?'는 ご存知でしょうか

ビジネスメールシチュエーション ❶

> A社の連絡先を教えていただきたいのですが、ご存知でしょうか。
> A사의 연락처를 알고 싶은데 알고 계신가요?

 ~を教えていただきたいのですが、ご存知でしょうかは '~을 가르쳐 주셨으면 하는데, 알고 계신 가요?'라는 의미이다. '~해 주실 수 있으신가요?'라고 하고 싶을 때는 ~を教えていただけますでし ょうかと라고 표현한다.

ビジネスメールシチュエーション ❷

> このプロジェクトのリーダーはどなたかお名前を教えていただけませんか。
> 이 프로젝트의 리더가 누구인지 이름을 알려주실 수 있으신가요?

 ~ていただけませんか。(~해 주실 수 있으신가요?)로도 요구사항을 말할 수 있다. ~ていただけないで しょうか。(알려 주시겠습니까?)도 같은 표현이다.

ビジネスメールシチュエーション ❸

> 都市計画を続けるかどうかですが、結論を出す前に、もう少し時間をかけて検討した方がいいのではないでしょうか。
> 도시계획을 지속할지 여부에 관해서 말인데요, 결론을 내기 전에 조금 더 시간을 들여 검토해보는 것이 좋지 않을까요?

 완곡하게 의견제시를 할 때는 ~した方がいいのではないでしょうか。(~하는 편이 좋지 않을까요?)를 쓴 다. '결론을 내기 전에'는 結論を出す前に라고 한다.

Words
- 結論(けつろん)を出(だ)す 결론을 내다 ・ 検討(けんとう)する 검토하다

In More Depth 한걸음 더

완곡하게 의견을 제시하는 다양한 패턴
상대방의 기분을 상하게 하지 않고 완곡하게 의견을 제시하는 표현을 소개한다.

- 価格を下げることよりもっと商品の品質を上げることを考えた方がいいのではないでしょうか。
  가격을 내리는 것보다 더욱 상품의 질을 높일 생각을 하는 편이 좋지 않을까요?
- この商品が売れないのは宣伝不足だからかもしれません。
  이 상품이 팔리지 않는 것은 선전부족 때문일지도 모릅니다.
- この商品が売れないのは宣伝不足のせいではないでしょうか。
  이 상품이 팔리지 않는 것은 선전부족 탓이 아닐까요?

Words
- 品質(ひんしつ) 품질 • 宣伝不足(せんでんぶそく) 선전부족 • せい 원인, 이유, 탓

Quiz 이런 경우에는 일본어로 어떻게 표현?

Q1. 　　　　　異存がないようでし　　　　、A社と契約を結ぶということで、よろしいでしょうか。
　　만약 이의가 없으시면 A사와 계약을 맺어도 되겠습니까?

Q2. もし　　　　　　　　　、資金援助をお願いしたいのですが。
　　가능하다면 자금 원조를 받고 싶은데요.

Q3. A社の連絡先を教えて　　　　　　　　のですが、ご存知でしょうか。
　　A사의 연락처를 알고 싶은데 알고 계신가요?

Answer
Q1 もし, たら　Q2 できれば　Q3 いただきたい

Exercise 한일 번역 도전!

Ex1. 프로젝트상의 문제로 현지와 의논을 하고 싶은데 출장 허가를 내 주셨으면 합니다.

Ex2. 이 프로젝트에 관한 문제는 어떠한 것이라도 발생하는 즉시 곧 제게 보고해 주셨으면 하는데 가능할까요?

Ex3. 이 프로젝트의 성공을 위해서 야마다 부장의 의견을 듣고 싶습니다만.

Answer

Ex1 '허가를 구하고 싶습니다'는 許可をいただきたいと存じます
プロジェクト上の問題で現地と話し合いをしたいので、出張の許可をいただきたいと存じます。
'~한데 ~허가를 내 주셨으면 합니다'라는 뜻의 ~ので~許可をいただきたいと存じます를 써서 완곡한 허가를 구한다.

Ex2 '~해 주셨으면 하는데, 가능할까요?'는 ~ていただきたいのですが、可能でしょうか
このプロジェクトに関する問題は、どのようなものでも、発生次第、すぐに私に報告していただきたいのですが、可能でしょうか。
완곡하게 요구사항을 말하는 표현 중 하나이다. '발생하는 대로'는 発生次第로 ~次第는 '~하는 즉시'를 의미한다.

Ex3 '~하고 싶은데요'는 ~たいのですが
このプロジェクトの成功のために、山田部長の意見をお聞きしたいのですが。
'~하기 위해서'는 ~ために로 일의 목적이나 이유를 나타내는 표현이다. '~하고 싶습니다만'은 ~たいのですが로 표현한다.

Lesson 33 안건의 중요성을 어필하는 메일 쓰기

Point 1 '중요성'을 호소하는 패턴
Point 2 '결의와 확신'의 패턴

상대방이 무언가 행동해 주기를 바랄 때 강한 요청은 자칫 고압적인 인상을 줄 수 있으므로 신중해야 한다. 교섭에 성공하기 위해서는 직접적인 요청보다는 사안의 중요성을 강하게 어필하여 상대방에게 적절한 판단을 내리도록 유도하는 것이 좋다. 이 과에서는 중요성을 호소하는 표현과 더불어 결의와 확신에 관한 표현을 알아보자.

送信者　gdhong@mycompany.com

宛先　　yamadatarou@yourcompany.com

件名　　新しい支店の件

山田株式会社　営業部
山田太郎様

いつもお世話になっております。
新しい支店をつくろうとする場合、
場所選びが一番重要ではないでしょうか。

㈱韓国商事　営業部　ホン・ギルドン
TEL：82-2-337-3053
FAX：82-2-337-3054

••• 새로운 지점 건

　　　항상 신세 지고 있습니다.
　　　새로운 지점을 만들려고 할 때는 장소 선택이 가장 중요하지 않을까요?

Point 1 '중요성'을 호소하는 패턴

 '~이 가장 중요하지 않을까요?'는 ~が一番重要ではないでしょうか

ビジネスメールシチュエーション

新しい支店をつくろうとする場合、場所選びが一番重要ではないでしょうか。
새로운 지점을 만들려고 할 때는 장소 선택이 가장 중요하지 않을까요?

 '~하려고 할 때 ~가 가장 중요하지 않을까요?'라는 뜻의 ~ようとする場合、~が一番重要ではないでしょうか를 써서 중요성을 상대방에게 인식시키는 표현이다.

ビジネスメールシチュエーション

ホン・ギルドンさんが作成した開発計画ですが、さらに話し合うことが重要だと私は思います。
홍길동 씨가 작성한 개발 계획 말입니다만, 더 논의하는 것이 중요하다고 저는 생각합니다.

 '~하는 것이 중요하다고 저는 생각합니다'라는 뜻의 ~ことが重要だと私は思います로 자신의 주장을 분명하게 전달하는 표현이다. '절대 필요하다라고 저는 생각합니다'로 말하고 싶을 때는 絶対必要だと私は思います라고 한다.

ビジネスメールシチュエーション

社員の不祥事は見逃すべきではないと思います。
직원이 저지른 불미스런 일은 간과해서는 안 된다고 생각합니다.

 ~べきではないと思います를 써서 필요성을 상대방에게 호소하고 있다. ~べきではない는 '~해서는 안 된다'는 뜻으로 그렇게 하는 것이 당연하다는 의미를 갖고 있다.

Words
- 場所選(ばしょえら)び 장소 선택 • 不祥事(ふしょうじ) 불상사 • 見逃(みのが)す 못보고 놓치다, 묵인하다

Point 2   '결의와 확신'의 패턴

~なければならない로 강한 결의 표현

会社の名誉がかかっているので、どうしてもこのプロジェクトは成功させなければなりません。
　　회사의 명예가 달려 있으므로, 어떻게 해서든 이 프로젝트는 성공시켜야만 합니다.

 '어떻게 해서든 ~해야 합니다'는 どうしても~なければなりません으로 강한 결의를 나타내는데 사용되는 표현이다.

A社には有能なスタッフが揃っているので、安心して任せても間違いないと思います。
　　A사에는 유능한 스텝이 모여 있으므로, 안심하고 맡겨도 문제없을 거라고 생각합니다.

 ~しても間違いないと思います는 아주 강한 확신이 있다는 것을 전달할 때 쓰는 일종의 정해진 문구이다. 間違いない의 또 다른 예를 들면 わが社のミスではないことは間違いないと思います。(우리 회사의 과실이 아닌 것은 틀림없다고 생각합니다.) 등과 같이 쓴다.

私にはこのプロジェクトを必ず成功させるという自信があります。
　　제게는 이 프로젝트를 꼭 성공시킬 자신이 있습니다.

 '~할 자신이 있습니다'는 ~という自信がありますヱ, 강한 자신감으로 확신을 표현하는 대표적 표현이다. '꼭 성공시키겠다'는 必ず成功させる를 쓴다.

Words
- 名誉(めいよ) 명예 ・ 有能(ゆうのう) 유능 ・ 揃(そろ)う 갖추어지다, 모이다 ・ 間違(まちが)いない 틀림없다

In More Depth 한걸음 더

상대가 문제의 핵심을 잘못 이해하고 있을 때 쓸 수 있는 표현

어떤 안건에 대해 상대방이 문제의 핵심을 잘못 이해하고 있다고 판단될 때 쓸 수 있는 표현을 소개한다.

- 仕事をする上で個人的なあなたの感情は問題ではありません。
  일을 하는 데 있어서 개인적인 당신의 감정은 문제가 되지 않습니다.
- あなたがこの企画の採用にこだわるその理由が私には理解できません。
  당신이 이 기획의 채택에 집착하는 그 이유를 나는 모르겠습니다.
- 費用がどのぐらいかかるかというのは二次的な問題です。
  비용이 어느 정도 드는지는 2차적인 문제입니다.

Words
- こだわる 구애되다, 얽매이다
- 二次的(にじてき) 2차적

Quiz 이런 경우에는 일본어로 어떻게 표현?

Q1. 新しい支店をつくろうとする場合、場所選びが一番重要　　　　　　。
새로운 지점을 만들려고 할 때는 장소 선택이 가장 중요하지 않을까요?

Q2. 会社の名誉がかかっているので、どうしてもこのプロジェクトは成功させ　　　　　　　　。
회사의 명예가 달려 있으므로, 어떻게 해서든 이 프로젝트는 성공시켜야만 합니다.

Q3. 私にはこのプロジェクトを　　　　　　成功させるという自信があります。
제게는 이 프로젝트를 꼭 성공시킬 자신이 있습니다.

Answer
Q1 ではないでしょうか　Q2 なければなりません　Q3 必ず

Exercise 한일 번역 도전!

Ex1. 이 프로젝트를 성공시키기 위해서는 멤버 하나하나가 각자의 역할을 다하는 것이 중요하다고 저는 생각합니다.

Ex2. 이 신상품이 분명 젊은이들에게 호평을 얻을 것이라 생각합니다.

Ex3. 기술 주임 야마다 씨로부터 추천장을 받는 것은 필요하고도 중요한 일입니다.

Answer

Ex1 '~이 중요하다고 생각한다'는 ~ことが重要だと思います
このプロジェクトを成功させるためにはメンバーの一人一人がそれぞれの役割を果たすことが重要だと私は思います。
～するためにはメンバーの一人一人がそれぞれの役割を果たすことが重要だと私は思います는 소속된 사람 각자의 역할이 중요하다고 상대방에게 강하게 호소할 때 자주 쓰는 표현이다. '역할을 다하다'는 役割を果たす를 쓴다.

Ex2 '틀림없다'는 間違いない
この新商品が若者に受けるのは間違いないと思います。
受ける의 기본적인 뜻은 '받다'이지만 여기서는 '인기가 있다, 반응이 좋다'라는 뜻으로 쓰였다.

Ex3 '동시에, 또한'은 かつ
技術主任の山田さんから推薦状をもらうのは必要かつ重要なことです。
'～로부터 추천장을 받다'는 ～から推薦状をもらう를 쓴다. かつ는 '동시에, 또한'이라는 뜻이다.

Lesson 34 | 타협을 이끌어내는 메일 쓰기

Point 1 타협안을 수용하는 표현 패턴
Point 2 타협안에 거부권을 행사하는 표현 패턴
Point 3 타협안을 조건부 수용하는 표현 패턴

비즈니스에서 서로의 조건을 맞춰 타협안을 이끌어내는 것은 중요한 능력 중 하나이다. 이 과에서는 상대방의 타협안을 수용하거나 거절하는 표현, 타협안을 조건부 승인하는 표현들을 배워보자.

送信者: gdhong@mycompany.com
宛先: yamadatarou@yourcompany.com
件名: 見積書の件

山田株式会社　営業部
山田太郎様

ホン・ギルドンです。
本日提出された見積書がそちらの最終的な決定であるなら、
誠に不本意ながら、弊社としましては、お断りせざるを得ません。

㈱韓国商事　営業部　ホン・ギルドン
TEL：82-2-337-3053
FAX：82-2-337-3054

●●● 견적서 건

홍길동입니다. 오늘 제출하신 견적서가 그쪽의 최종적인 결정이라면,
매우 유감스럽지만 당사로서는 취소할 수밖에 없습니다.

Point 1 : 타협안을 수용하는 표현 패턴

📧 타협안을 수용할 때는 私も賛成です를 쓴다

ビジネスメールシチュエーション **1**

A社が出した妥協案は妥当だと思いますので、その案に私も賛成です。
A사가 낸 타협안은 타당하다고 생각하므로, 그 안에 저도 찬성합니다.

> 타협안을 수용할 때 쓰는 기본 표현이다. '그 안에 저도 찬성합니다'는 その案に私も賛成です라고 한다.

ビジネスメールシチュエーション **2**

A社の妥協案はわが社にとっても損はないと思います。
A사의 타협안은 저희 회사에 있어서도 손해는 아니라고 생각합니다.

> 타협안을 수용한다는 표현을 損はないと思います。(손해는 아니라고 생각합니다.)를 써서 간접적으로 나타낼 수도 있다. ~にとっては '~에 있어서, ~의 입장에서 보면'라는 뜻으로 뒤에는 보통 평가와 관련된 내용이 온다.

ビジネスメールシチュエーション **3**

御社が資金を半分提供してくださるのであれば、わが社も半分出します。
귀사가 자금을 반 제공해 주신다면 저희 회사도 반을 내겠습니다.

> 타협 조건을 제시할 때는 ~のであれば(~해 주신다면)을 쓴다. '~협력해주신다면, 저희 회사는 책임을 지겠습니다'와 같이 표현하고 싶을 때는 ~協力してくださるのであれば、わが社は責任を持ちますと라고 한다.

Words
- 資金(しきん) 자금 ・ 提供(ていきょう) 제공 ・ 妥協案(だきょうあん) 타협안 ・ 妥当(だとう) 타당
- 損(そん)はない 손해는 없다

Point 2   타협안에 거부권을 행사하는 표현 패턴

 타협안에 반대할 때는 誠に不本意ながら~를 쓴다

ビジネスメールシチュエーション

本日提出された見積書がそちらの最終的な決定であるなら、誠に不本意ながら、弊社としましては、お断りせざるを得ません。
오늘 제출하신 견적서가 그쪽의 최종적인 결정이라면, 매우 유감스럽지만 당사로서는 거절할 수밖에 없습니다.

~がそちらの最終的な決定であるなら、誠に不本意ながら、弊社としましては、~せざるを得ません。(~가 그쪽의 최종적인 ~이라면, 아주 유감이지만, 당사로서는 ~하지 않을 수 없습니다.)는 강한 자세로 상대방의 타협안에 반대의사를 표명하는 표현이다. 誠に不本意ながらは 非常に残念ながら(정말 유감스럽게도)로 바꿔 쓸 수 있다.

ビジネスメールシチュエーション

鈴木氏が提案した妥協案が有効な解決策かどうか、私には疑問です。
스즈키 씨가 제안한 타협안이 유효한 해결책인지 아닌지 저로서는 의문입니다.

'~인지 아닌지 저로서는 의문입니다'는 ~かどうか、私には疑問ですで 상대의 제안에 의문을 제시하면서 거부 의사를 밝히는 표현이다.

ビジネスメールシチュエーション

申し訳ありませんが、資金提供をしていただけないと、このプロジェクトは継続できません。
유감이지만 자금제공을 해주시지 않으면 이 프로젝트는 계속할 수 없습니다.

~していただけないと~できません。(~해 주시지 않으면, ~할 수 없습니다.)는 조건을 제시하면서 강하게 타협안을 제시하는 표현이다.

Words
- 有効(ゆうこう) 유효, 유익 ● 解決策(かいけつさく) 해결책 ● 継続(けいぞく) 계속

Point 3 　타협안을 조건부 수용하는 표현 패턴

 '~만 ~해 주신다면'는 ～さえ～てくだされば로 쓴다

Business E-mail Situation

納期期限さえ延長してくだされば、プロジェクトの変更について、我々は何の異存もありません。
　　납기기한만 연장해 주신다면 프로젝트의 변경에 대해 저희들은 아무 이의가 없습니다.

'~만 ~해 주신다면'은 ～さえ～てくだされば로 타협을 위한 조건부 수용 표현이다. 我々は何の異存もありません은 '저희들은 아무 이의도 없습니다'라고 적극적인 자세를 보여주면서 이쪽이 제시하는 조건에 동의를 구하고 있다.

Business E-mail Situation

わが社を信じて任せてくださるのであれば、わが社は御社のために全力を尽くします。
　　저희 회사를 믿고 맡겨 주신다면 저희 회사는 귀사를 위해 전력을 다하겠습니다.

～てくださるのであれば(~해 주신다면)로 조건을 나타내면서 그 조건이 충족된다면 적극적으로 상대방의 안건을 받아들이겠다는 답변이다. 全力を尽くす는 '전력을 다하다'라는 뜻이다.

Business E-mail Situation

決済さえしていただければ、すぐに仕事に取り掛かります。
　　결제만 해 주신다면, 바로 일에 착수하겠습니다.

～さえしていただければ(~만 해 주신다면)도 조건을 제시하면서 타협안을 내는 표현 중 하나이다. '귀사가 결제만 해 주신다면 바로 ~하겠습니다'이라고 표현할 때는 **貴社が決済さえしてくだされば、すぐに~します**라고 한다.

Words
- 納期期限(のうきげん) 납기기한 ● 延長(えんちょう)する 연장하다 ● 変更(へんこう) 변경 ● 異存(いぞん) 이의, 반대 의견
- 任(まか)せる 맡기다 ● 決済(けっさい) 결제 ● 取(と)り掛(か)かる 시작하다, 착수하다

In More Depth 한걸음 더

조건부 수용에 빼놓지 않고 등장하는 가정형

조건을 제시하면서 타협안을 낼 때는 보통 가정형을 쓴다. 여기서는 ～さえ～れば를 예문을 통해 조금 더 연습해 보자.

- 新プロジェクトの開発の件ですが、承諾さえいただければ、さっそく取り掛からせていただきます。
  신프로젝트의 개발 건 말입니다만, 승낙만 해 주신다면 즉시 착수하겠습니다.
- 工事が遅れている件ですが、許可がいただければ、作業人員を増やしたいと思います。
  공사가 늦어지고 있는 건 말입니다만, 허가를 해 주신다면 작업인원을 늘리려 합니다.

Words
- さっそく 즉시 ・ 増(ふ)やす 늘리다

Quiz 이런 경우에는 일본어로 어떻게 표현?

Q1. A社が出した妥協案は妥当だ＿＿＿＿＿＿＿＿＿、その案に私も賛成です。
A사가 낸 타협안은 타당하다고 생각하므로, 그 안에 저도 찬성합니다.

Q2. 本日提出された見積書がそちらの最終的な決定であるなら、＿＿＿＿＿＿、弊社としましては、お断りせざるを得ません。
오늘 제출하신 견적서가 그쪽의 최종적인 결정이라면, 매우 유감스럽지만 당사로서는 거절할 수밖에 없습니다.

Q3. 納期期限さえ延長してくだされば、プロジェクトの変更について、我々は＿＿＿＿＿＿＿＿＿＿＿＿＿。
납기기한만 연장해 주신다면 프로젝트의 변경에 대해 저희들은 아무 이의가 없습니다.

Answer
Q1 と思いますので Q2 誠に不本意ながら Q3 何の異存もありません

Exercise 한일 번역 도전!

Ex1. 귀사가 제안한 조건은 타당하다고 생각하므로 우리 회사도 찬성합니다.

Ex2. A사가 제안한 조건이 저희 회사에 있어서도 유익한지 아닌지 저에게는 의문입니다.

Ex3. 귀사가 우리의 조건을 들어 주신다면 우리쪽에서도 바로 작업에 착수하겠습니다.

Answer

Ex1 '우리 회사도 찬성합니다'는 わが社も賛成です
貴社が提案した条件は妥当だと思いますので、わが社も賛成です。
'~조건은 타당하다고 생각하므로 ~도 찬성합니다'는 ~は妥当だと思いますので、~も賛成です로 쓴다.

Ex2 의문을 제시하면서 타협안에 불만을 표시할 때
A社の提案した条件がわが社にとっても有益かどうか、私には疑問です。
상대방이 내놓은 타협안에 의문을 제시하면서 반대의사를 나타내는 표현이다.

Ex3 조건을 제시할 때의 기본 표현은 ~のであれば
貴社が私どもの条件を受け入れてくださるのであれば、私どもとしましても今すぐ作業に取り掛かります。
~のであれば로 조건을 제시하고 그 조건이 충족된다면 이쪽에서도 액션을 취하겠다는 표현이다.